男たちの部屋

韓国の「遊興店」とホモソーシャルな欲望

ファン・ユナ　森田智恵 訳

平凡社

日本語版によせて

本書は二〇一八年にクラブ・バーニングサンで起きた事件から始まる。二〇一八年のバーニングサン事件[*1]と二〇二〇年のn番部屋事件[*2]は文字通り、韓国を「激震させた」。私もまたこの事件に接し、動揺すると同時に疑問を抱えるようになった。「なぜバーニングサンとn番部屋に驚愕した人びとが、周囲に溢れている遊興店[*3]には驚かないのだろう?」。遊興店で働く女性たちの話を聞き続けてきた私の立場からすれば、バーニングサンとn番部屋で起きていた暴力は見慣れないものではなかった。

男性の快楽のために女性を取引する産業の存在、女性を人間ではない「商品」として格下げする過程で発生する暴力、その暴力をも商品化し、それを当たり前のものとしてきた市場経済。このなかで発生するとてつもなく巨大な利潤の創出は近代化以降引き続いており、それが「遊興」という名前で普遍化しているのが韓国社会

＊1――江南に位置する高級外資系ホテルの地下一階に入居していたクラブ「バーニングサン」のなかで起きた集団暴行、性暴力、麻薬流通、警察との癒着が、二〇一八年末から翌年初頭にかけて次々に明るみに出た。

＊2――二〇一八年後半から二〇二〇年半ばまで、テレグラムなどのメッセンジャーアプリを通して未成年を含む女性たちを脅迫したうえで性的動画を撮影するように強いて、これら動画を広めた性搾取、デジタル性犯罪を指す。

＊3――日本社会でのキャバ

の姿だ。このような現状を、バーニングサンとn番部屋の事件以前には人びとはわかっていなかったのだろうか？　あるいは、遊興店には怒りを覚えないが、バーニングサンとn番部屋の事件には憤怒する特別な理由があるのだろうか。もし人びとが遊興店でどのようなことが起きているのかを知らなかったとしたら、バーニングサンやn番部屋を論じる際に遊興店の存在を念頭に置くことが難しいということであれば、表層的な解決策だけが議論されることになるだろう。二つの事件の根底には、遊興文化と遊興産業があるのだということを周知し共有することで、問題に対してともに考えたいと思ってきた。そのため遊興店の女性たちの経験とこれを誘導する男性文化、遊興産業の構造的からくりがテーマとなる本書の冒頭では、この二つの事件を議論することから始まる。

当然のことではあるが、二〇二二年に本書が出版されて以降も、依然として韓国の遊興産業は健在だ。「性売買」産業は従来から違法であったため、COVID-19の状況下でも営業禁止命令などの感染拡大を防ぐための法的措置を免れることとなり、結果として目立った打撃を被らなかった。COVID-19が落ち着きをみせると、娯楽施設全般に対する営業禁止措置は解除された。いままでどおりに、元の場所に「回帰した」かのように思われた。だがその過程で、感染の危険にもかかわ

クラのイメージに近い。従業員が酒や芸を通して客を接待する空間を総称して、「遊興店」と呼ぶ。カラオケボックスのように複数の小部屋が店舗内にあり、各部屋のなかで接客をおこなう点が日本社会のそれとは異なる大きな特徴であり、本書が「部屋」を強調する理由である。

らず、対面労働を無理に遂行しなくてはならなかった女性たちの経験、動線追跡によって遊興業・性売買産業に従事する女性であることが知られる状況に対する憂慮、生活費の工面および債務による経済的困難が原因の自死といった、遊興店に従事する女性たちが直面した困難は社会的イシューとして十分に注目されなかった。巨大な遊興産業を支える経済的利益の核心を構成する要素が「女性」でありながら、「女性」は存在しないかのように扱われ、「女性」の声は沈められる。COVID-19のような社会全体にふりかかった災難のなかですら、排除される。本書の最も重要な目的は、沈められ、存在しないかのようにみなされ、排除が当然とされている女性の経験をフェミニストの観点から、つまり政治的に可視化することにある。

日本はどういう状況にあるのか関心がある。二〇一七年に訪れた札幌のすすきので、相当な規模を誇る歓楽街を私は目にした。韓国の性売買の歴史を勉強すると、最終的には日本植民地期の公娼制までさかのぼる。とはいえ私は韓国の性売買産業の盛況ぶりが植民地期における公娼制のせいだとしたり、植民地期の残滓《ざんし》だというふうには考えていない。このような考えは性売買を規律し拡張してきた韓国政府と支配階級の責任を軽くし、その原因を他に探そうとする、安易な方法に過ぎない。

近代化と都市化の過程で女性に対する暴力と搾取をそのままに受けいれ共鳴しあう韓国の支配階級と支配的な男性文化こそ、韓国の巨大な性売買産業・遊興産業の原因であろう。

とはいえ長い間、日韓両国の政府と資本家が国境を跨ぎながら、性産業を築き上げてきた歴史は自明のことだ。一例を挙げると、一九七〇年代の朴正熙政権下のキーセン観光[*4]は、日本の男性観光客を主なターゲットとした政府主導の遊興産業・性売買産業だった。韓国と日本のフェミニストたちがともに、女性に対する暴力を市場化する資本主義家父長制社会の重要な場として性産業を問題視し、フェミニズムの核心的な主題として分け入っていかなければいけない理由はここにある。

ぼやけていた問題を鮮明に認識していく過程は、苦しいものだ。始まりも終わりも見えないのに、すぐにとりかからなければならないことを把握することも難しいし、すべてを行動に移せるわけでもない。本書の読者の方々に会いながら、私は怒りと絶望の声を聞いた。ある人は、「性産業がなくなる見込みはどうせないのだから、合法化して管理監督するほうがいいんじゃないか」という。本書で論じたように、遊興店で発生する暴力は遊興店の接待が違法だから、あるいは管理や監督がずさんであるから発生するのではない。遊興店という空間が利益を生み出し女性を商

＊4――一九六五年の日韓国交正常化以降、日本人観光客が韓国へ渡航できるようになると、当時の朴正熙政権は外貨獲得の政策の一つとして、日本人男性による「キーセン（妓生）」たちの買春観光を推し進めた。会社や地方農協の慰安旅行として「キーセン観光」のために韓国に渡航する人びとが増加した。

品として格下げする過程全体が、暴力を誘導し正当化する。即効的な解決策が見えずとも、構造を具体的に検討し、現状でできる実践を通じて、互いが手を取り合うことを私は望んでいる。いつか本書を土台に韓国と日本の両国で性産業を比較分析し、運動的実践を模索する場を設けることができたら、このうえない喜びだ。

最後に、日本のフェミニストのみなさんと性産業従事者の方々の安寧を祈っている。いつの日か、元気にお会いできることを。

ファン・ユナ

二〇二三年一月五日　ソウルから

目次

日本語版によせて……003
プロローグ　「男性」をつくる遊興……012

第一章　男たちの部屋

バーニングサンとアリーナ……020
これは新しい話？／差別的なルールが醸成するクラブの場所性／最後まで金を落とし、本物の男になれ／女性の搾取を隠蔽する遊びの文化／誰が、どう責任をとるのか

男たちの部屋――n番部屋、ルームサロン、チャットルーム、ポッパン……048

「男」の部屋ではなく「男たち」の部屋／「男」はどうやってつくられるのか／インターネット上の男性化された規範／利益を創出する「男たちの部屋」／変貌する集団性？／男性性化の過程に介入すること

遊興店、制度化された男たちの部屋……070

ミソジニー産業の典範／遊興店「一次」の性政治／遊興店管理の歴史／女性従事者を供給する輔導《ポド》房《バン》の登場／遊興店のラベリング

第二章 ルームサロン共和国の「享楽」

遊興店の営業戦略……090

いったい何がそれほどよいのか？／遊興店における「一次」の営業戦略

男性客の「享楽」……111
暴力を隠蔽するデート遊び／自慢と虚勢／ケアされる「目上」になること

第三章 遊興従事者のアガシ労働

アガシ労働……134
「アガシ」とは誰なのか／アガシ労働

遊興従事者のアガシ労働……143
全体を把握するアガシになること／パートナーを補助するアガシになること／場を盛り上げるアガシになること／泥酔させるアガシになること

遊興店における危険のアウトソーシング……182
それは偶然の事故ではない／危険を欺く遊興産業／孤立する女性従事者／女性の自己防衛戦

略と限界／「自由な仕事」への転換／法的介入の困難

エピローグ　答えを探す旅路のなかで……234

原注……238

推薦の言葉……256

ジェンダーとセクシュアリティの諸問題が交差する闘争の場で勇敢に駆け抜けた女性学研究者の重要な成果　クォンキム・ヒョンヨン

ジェンダー化された資本主義経済体制と普遍的な女性の人権の前で立ちすくむ人たちへ贈りたい本　キム・ジュヒ

訳者解説……262

原注は本文中に★印を付し、巻末（238〜255頁）に記載した。

原注の文献表記については、初出に著者名、書名、版元名のハングル表記を（　）内に記した。

訳注は、短いものは〔　〕のなかに示し、長いものは＊印を付け脚注とした。また、著者による短い注釈も「原注」と記したうえで脚注とした。

プロローグ 「男性」をつくる遊興

遊興従事者とは、客とともに酒を飲み、
歌や踊りで客に遊興を添える婦女子である遊興接客員を指す。
——食品衛生法施行令 第二二条 第一項

私が性売買の被害者支援活動をしながら目の当たりにしたさまざまな性産業のなかで、遊興店に関心をもつようになったのは、「遊興」という単語があたえる耳障りな感覚のためだった。二〇一三年から私が働いている性売買被害支援相談所を訪れた女性たちが話してくれた遊興店のエピソードは、楽しさや遊びといったイメージからはまったくかけ離れていた。彼女たちが遊興店で浴びた暴言、無視や蔑視、プライベートへの侵害に対しての証言を聞けば聞くほどに、私は遊興店を「遊興」店とは呼びたくなくなった。遊興店は性の売買だけでなく明らかに暴力と差別が交差する場所であるのに、興がある遊びを意味する「遊興」という言葉は、そうした現実の重みを覆い隠してしまう。「遊興」店と呼称することによって、そこで発生するさまざまな人権侵害の問題は水面下に沈み、遊興店は、誰でも楽しめる空間であるかのように意味づけられてしまう。男性は市民であり人間であるから、男性が楽しむ空間ならただちに「普遍的な人間」すべてが楽しめるのだという思考の痕跡が、「遊興」店という言葉に刻み込まれている。遊興店は男性が遊ぶために女性が蔑視される空間ではあるが、女性の経験は普遍的な経験とはみなされないため、「女性蔑視店」ではなく「（男性）遊興店」と呼ばれてきたのだ。

遊興店は、合法的に女性が男性の「興」のために働く空間である。冒頭に引用した食品衛生法施行令[*1]では、「遊興従事者」の性別を女性に限定している。女性と酒を飲み歌うことで男性が楽しむという社会通念は、たんなる社会通念を超えて法により定められている。「男同士で集まっても面白くない。女がいないと」という言葉は、空虚な決まり文句ではない。女性だけが働けるよう法で定められている職業は、遊興店をのぞいて世界のどこにも存在しない。[★1]

国家は、遊興店を「性交行為」や「類似性交行為」といった性売買がなされない女性が男性を「接待」するためだけの空間だとして、遊興店と遊興従事者を合法的な領域にとり残してきた。人権や平等といった価値ではなく、「性交行為」の有無

＊1――一九六二年の食品衛生法施行にともない、施行令も制定された。より具体的には、「遊興接客婦」の地方行政への登録、性病検診結果が記録された保険証の常時携帯が義務づけられた。なお食品衛生法は、一九一六年の藝妓酌婦藝妓置屋営業取締規則施行の延長線上にある法律である。

＊2――後述されるように遊興店の業種は多岐にわたるが、いずれも本質的に大差はない。

＊3――俳優のチョン・ジャヨンは、特権層の人びとからルームサロンでの性接待および「枕営業」が強要された事実を書き残して二〇〇九年に自ら命を絶った。この文書内に当時『朝鮮日報』（韓国国内で主要新聞の一つ、保守傾向）社長であったパン・サンフンなど複数の男性の名前が記されていたものの、当時検察は証

が違法と合法を線引きする。遊興店での「接待」のなかで、男性客が女性従事者にどのようなことを要求するのか、女性従事者がどう行動するように遊興店の経営者らが仕向けているのか、なぜ女性従事者たちは「接待」という名目で性差別的で不当な暴力に耐えなければならないのかについては、法に書き込まれていない。制度的にも社会文化的にも、遊興店を訪れる男性客は処罰されない。他方で、遊興店で働く女性たちはスティグマを甘受しなくてはならない。

なぜ男性が楽しむのに女性が必要なのか、女性が何をすれば男性は満足するのか、なぜ男性を楽しませる仕事が女性の役回りとされるのかといった点が疑問視されなくなって久しい。男性の享楽のために女性が働くのが当然であるかのような社会的・法的基盤のうえに、韓国の男性たちはカラオケ、団欒《だんらん》酒店、遊興酒店[*2]といった遊興店のどこへでも女性のキャストを呼び出すことができる。女性が男性を楽しませるべきという論理が、社会文化的に当然視されている。男性たちは「ビジネス」、つまり事業や営業や政治活動のために遊興店に行く（と言われている）。映画やドラマなどあらゆるメディアで描かれているように、男性実業家や男性政治家は、ルームサロンで会合する。ときに特権層の間での「性接待」は、社会的に物議を醸した。だが『朝鮮日報』のパン社長の事件[★2][*3]、キム・ハグィ前法務部次官事件[★3][*4]のように、こ

拠不十分として、「性接待」関連の起訴をおこなわなかった。二〇一八年七月から一年間、法務部傘下の過去事委員会がこの事件について再び調査をおこなったが、結局再捜査不可として幕切れとなった。

＊4――朴槿恵政権発足時の二〇一三年に法務部次官に任命されたキム・ハグィが、二〇〇六年前後に建設会社社長から金品・性接待を受けていた収賄の事実が任命直後に明るみに出て、任命辞退および検察起訴となった事件。動画が流出しキム・ハグィ本人が性接待を受けていた事実が確認されたが、二〇二二年八月に無罪判決が下り、キム・ハグィ事件は終結した。

れらの「性接待事件」は社会に波紋を広げた一方で、関係者への処罰は微々たるものであった。

韓国社会は、遊興店で性売買が頻繁に斡旋される現実をよくわかっている。それでも政府は遊興店での性売買を根絶するような処置を施すのではなく、男性客による安全な性売買のために女性従事者の身体を管理する方法を選んだ。遊興従事者は定期的に性病検診を受けることで、遊興店で働くことができる。性病検診を受けると、「保険証」が発給される。しかし私が相談所で会った女性の大多数は、この「保険証」を避けて店を渡り歩いていた。定期的な性病検査でしょっちゅう採血をせねばならず、いまや注射器をあてがうだけでも、血管が浮き上がるのではなくむしろおのずとひっ込むのだと嘆いていた。性交行為や類似性交行為がない「接待」という理由から遊興店は合法的に運営されているにもかかわらず、そこで働く女性たちは性病の感染を防ぐために性病検診を受けなくてはならないだなんて。男性の安全な性購買を全世界が支持しているかのようだ。

このように制度的・文化的容認のなかで形成された韓国の遊興産業は、男性の快楽のために女性を取引する震源地として機能している。n番部屋事件やそれ以前のバーニングサン事件、そして芸能界と政界をはじめとする数々の「性接待」事件のように「強姦文化」を「強姦産業」に転換させる手回しのよい男性資本家たちにとって、既存の遊興業は模倣すべきロールモデルとなっている。女性を取引可能な商品に降格させ、性的に対象化し嫌悪し蔑視して当たり前の集団として括るのである。男性は女性をいくら侵犯しても無視してもぞんざいに扱ってもかまわない、むしろそうしたすべての暴力の原因は女性にあるといわんばかりに、女性への暴力は非可視化されている。このように女性を嫌悪し差別する行為を積極的におこなう過程で、男性間の友情が芽生え、彼らは「男性」になるのだ。

本書は、「（異性愛者の）男性」を形成し「（異性愛者の）男性」だけが楽しめる「遊び」の中心に、ミソジニーと女性差別がどのようにはびこり正当化されているのかを問う。第一章では、社会的影響があったにもかかわらず主要関係者らの罪が極端に矮小化され軽い刑で終結した「バーニングサン事件」をはじめ、最近になり顕在化した「n番部屋事件」、「グループチャット性的嫌がらせ」のような、「男たちの部屋」を検討の対象とする。女性を他者化・対象化する男性の集団的遊びこそが、連綿と続く男性連帯をその都度形成してきたのであり、それが男性の「ビジネス」の一環であるという視点から「男たちの部屋」の事例に注目する。この「男たちの部屋」が制度として定着した事例の一つとして遊興産業がどのように市場経済の一部に組み込まれてきたのか、その戦略を明らかにしたい。

第二章では、遊興業の収益化を可能にしてきた韓国男性の「遊び」に注目する。「ルームサロン」に代表される遊興店がどのようにして女性を男性に従属させ、これを「営業戦略」として活用しているのか。男性は遊興店でどのような楽しみを得ようとしているのか。一〇万ウォン[*5]の接待費と数十万ウォンもの飲酒代を支払うことで男性が享受するものとはいったい何なのか。遊興従事者として働いていた女性たちへの聞き取りをもとに迫っていく。さらに遊興産業がこの遊びを助長し維持するための営業戦略を具体的に跡づける。

第三章では、遊興店での「接待」について女性従事者の仕事に着目する。長い間「ラクに遊びながら稼げる仕事」というレトリックに押しこめられ、関心の対象になりえなかった遊興店の女性従事者（アガシ）の仕事を「アガシ労働」と私は名付けた。女性の労働を女性であれば誰でもできる仕事とみなし、さらには女性による労働全般を価値の低いものとして貶《おとし》めてきた社会的文脈に、「アガシの仕事」を位置づけるためである。また、男性の遊びをかたちづくる過程で遊興従事者が直面する危険を、遊興産業がいかにして女性たち諸個人の責任としてなすりつけてきたの

＊5――二〇二三年一月現在のレートでは、約一万円。

かを検討する。

反性売買人権運動イルムで活動するなかで関係を結んだ性販売（経験）女性たちと、活動家の同僚たちが私に分けあたえてくれた洞察と考え方が、本書のもととなる論文「遊興業の『一次』営業戦略と女性の『アガシ労働』」（二〇二〇）をはじめとする、遊興産業および性売買産業に対する問いを押し広げていくうえで欠かせない力となった。生存のために一瞬一瞬を熾烈《しれつ》に生き抜き、それでも理由なく生を抑圧するスティグマと差別に向きあわなくてはならなかった女性たちは、自らが経験した暴力と搾取を他の女性たちは経験しないよう切望する思いから、私に話を共有してくれた。その願いがかなう道中に、この本が力を添えられればと願っている。

第一章

男たちの部屋

バーニングサンとアリーナ

これは新しい話?

私が漢江の南側に行くことはあまりないが、就職したばかりの友人たちと会うために退勤の経路を示し合わせた結果、江南の新沙駅[*1]で待ちあわせをすることにした。近場のおいしいお店で積もり積もった話を楽しく交わしたあとで場所を移そうと歩いていたとき、「キャッチ」が近づいてきた。耳にイヤフォンマイクをかけたキャッチの男たちは、友人の腕を摑み強引に店に連れて行こうとした。私たちはみな真剣な顔になって男の手を振り払い、すばやく立ち去った。そのキャッチと似た格好で路上をうろつく男性とは目をあわせないように歩きながら「これはいったい何?」と呆れてしまい、私はだんだん気分が悪くなっていった。「なぜ同意もなしに、他人の腕を摑むことができるんだろう?」引っ摑んで連れて行こうと手を離しもしない彼らのやり方は、「客」をキャッチする方法にしては、あまりに無礼なも

＊1――首都ソウルの中心には漢江という川が東西に流れている。ソウルの東南に位置する江南区は、「漢江の奇跡」と呼ばれる一九六〇年代後半以降の経済開発の中心地となり、開発以降は江南駅を中心に一大繁華街が広がった。江南駅の北に位置する新沙駅付近には、カロスキルというファッションブランドが建ち並ぶストリートがある。

＊2――バーニングサンは江南駅と新沙駅の間にある新

のだった。

これは「バーニングサン事件[*2]」に初めて接したとき、頭のなかで再生された一〇年前の記憶だ。クラブでよく遊んでいた友人が話してくれたエピソードも蘇った。「タダ酒」を目当てにクラブに行けばカバンを最初に預けなければならないという話、ウェイターの手に引かれてあちこちと部屋に連れ回されたこと、いわゆる「いい」学校に通っていると自己紹介すれば男性たちが気を遣って接してくれてラクだったという話……。

二〇一八年にクラブ「バーニングサン」で起こった暴力事件が警察とクラブとの癒着事件として知られるや[*3]、そのなかで麻薬取引や薬物を利用した性暴力があったことが報じられた。さらにこの事件はバーニングサンを運営していた芸能人のスンリ[*4]〔V.I〕が性接待に関与していたことや、スンリの知人である男性芸能人らによって違法に撮影された画像の流出が明らかにされ、性暴力事件として次第に大きくなっていった。そのさまを目にし、私はバーニングサンについて勉強を始めた。周囲で話題になったり、私が実際に訪れたクラブでは不快な経験もあるにはあったが、遊ぶには無理がない空間だった。だがバーニングサンは女性が遊ぶには大きな危険を覚悟しなくてはならない、暴力の温床のように思われた。なぜこれほどに多様な

論峴駅そばのル・メリディアンソウルホテルの地下一階に入居していた。二〇一八年一一月末に発端となる事件が知られるや報道が拡大し、二〇一九年二月に閉鎖となった。

*3—原注　二〇一八年にキム某氏がバーニングサンのガードマンたちに集団暴行を受けたにもかかわらず、警察が順当に調査せずむしろ被害者を加害者として逮捕した。この過程で警察の暴行があったことをキム氏が暴露したことにより、バーニングサン事件は世に知られることとなった。

*4—K-POPが世界的な広がりを見せはじめた第二世代（二〇〇〇年代後半から二〇一〇年代半ばにデビュー）の象徴的なグループであり、国内外で絶大な人気を得た五人組BIGBANGの元メンバー。

暴力と犯罪がたった一つのクラブのなかで起こりえるのか、それはバーニングサンに限られた特徴なのかといった疑問が相次いで頭に浮かんだ。

なぜバーニングサンでは遊ぶことが女性に対する暴力となり、麻薬や性暴力、警察や検察との癒着、違法撮影、性売買などさまざまな犯罪が蔓延しているのか？結論から言えば、バーニングサンの知名度と収益を引き上げる要因となったジェンダー化された産業構造と新自由主義的な営業戦略が、暴力を極大化する装置であったためである。バーニングサンの経営スタイルは、真新しいものではない。ナイトクラブやルームサロンや江南にあるアフタークラブ〔遊興店従事者らを対象に深夜から朝まで営業するクラブ〕は、女性を商品化し男性を消費者に仕立て、クラブのオーナーは経済的・法的責任を免れつつ高収益を生み出す。クラブの経営者たちはこのような共通の目標を達成すべく営業戦略を互いに参照しあい、クラブは少しずつかたちを変えてきた。

そのなかでもバーニングサンは、江南のアフタークラブである「アリーナ」の経営スタイルをそのまま採用している。アリーナは、バーニングサンの共同代表であるイ・ムノがかつてＭＤ〔マーチャンダイザー。商品開発や販売戦略を立てる役職〕として働いていたクラブである。江南界隈で一九もの遊興店を経営するやり手のカン氏が事実上はオーナーで、アフタークラブを一般客にも積極的に開放することで大きな収益を生み出した。[*5] バーニングサンとアリーナは閉鎖に至ったものの、バーニングサン事件を引き起こしたこれらのクラブの営業戦略は、いまだに遊興産業を突き動かしている。

差別的なルールが醸成するクラブの場所性

バーニングサンは厳格な「イッペン」〔입구 뺀찌＝入口ペンチ〕、「イプチャンカット」〔입장컷＝入場カット〕つまり「入店拒否」する店として有名だった。バーニングサンが営業スタイルを模倣したアリーナも同様に入店するためのハードルが高く、その判断基準は謎に包まれていた。服装やスタイリングがその基準だというがマニュアルや客観的な基準をもって客の入店可否を判断するわけではなく、出入口のガードマンの主観的な判断によって入店が許可されたりされなかったりした。なかなか入店できないという噂が立ったため、ユーチューバーらが江南のクラブ入店に挑戦するコンテンツを製作したり、入店が許された人は入店拒否されなかったという事実だけでうぬぼれをひけらかしたりもした。

バーニングサンとアリーナの入店スタイルは、韓国の人びとにとっては羨望や興

*5—原注 クラブアリーナがバーニングサンのモデルとして知られるようになったあと、アリーナのオーナーであるカン某氏は約二〇〇億ウォンの脱税の嫌疑で裁判を受けることとなった。アリーナは二〇一九年四月七日に閉鎖された。

味や挑戦の対象だったが、外国人にとっては反発を呼ぶものであったようだ。バーニングサンのフェイスブックページ[★4]には、問題視されるような服装でなかったにもかかわらず入店できなかった人びとのクレームが書き込まれている。クラブバーニングサンは人種差別主義者（racist）であり、ガードマンは無礼で外国人を受けいれない差別的な空間だと問題提起がなされた。クラブアリーナについても同様だった。ある外国人は、ドレスコードと年齢を理由にアリーナで入店拒否を受けたことから、もし同じような目に遭った際は国家人権委員会に訴えることを勧めた[★5]。人びとの外見や年齢を理由に、ガードマンが店舗の入口で客を一人ずつ評価して入店拒否を下すような営業形態は、少し考えてみるだけでも平等とはほど遠い。だが韓国社会はこのような差別的な手続きを拒否し抵抗するのではなく、入店可否を判断する権限を自ら喜んでガードマンに委ね、その奇妙な競争に挑戦することを選択しているように見える。

外見や服装や年齢を基準にする差別は、性別と交差しながらより強力にクラブを支配する。クラブの宣伝をおこなうＭＤたちは、「女性はタダで入店可能」だから個別に連絡して、といった広告をオンライン上にくり返しアップロードしていた。実際に女性客は個人的に連絡できるＭＤがいれば無料で入店できるため、ＭＤと知りあいであることも実力のうちなのだという。ややもすれば「女性限定無料入店」というのは、女性を優遇しているように見える。だがこれは典型的な性差別的装置であり、クラブ内で女性客が男性に依存的な存在となるような機能を果たす。無料で入店できるかどうかも、やはりMDの主観的な判断に委ねられている。店に出入りするのを決める権限は客にはなく、MDが年齢と外見をどう判断するかによって無料入店が可能かどうかの結論が下される。高額な飲酒代を支払う男性客を引き込んでくる、とクラブ側に約束することで自らが客を管理するクラブ内のVIP席を事前に確保しておき、そのテーブルに座る男性客と無料入店の女性客との出会いを斡旋する、というやり方でMDはテーブルゲストを管理する。*6 その過程で、無料入店した女性客はMDがテーブルゲストをもてなすために活用される商品となるのだ。

　このような入場システムに対して、男性たちはどう考えているのだろうか？　男性は料金を支払う一方で女性だけ無料だなんて、男性への「逆差別」だと考えないだろうか？　「逆差別」に敏感な韓国男性たちが、どうしてクラブ側に抗議しなかったのだろうか？　私はユーチューブの検索ボックスに「クラブ 女性 無料入店」と打ち込んだ。すると、〈なぜ女性だけ無料で入店させるのか？（クラブ、居酒屋、ナンパ、割り勘問題）〉というタイトルの動画を見つけることができた。★6 動画の製作者は、

*6――本書で断片的に後述されるが、ここでクラブの空間構成とMDの仕事について見取図を示しておきたい。規模にもよるが、一つのクラブは二〇〇から三〇〇人のMDを抱えている。自由に踊ることができるフロアとは別に、クラブ内に配置した複数のVIP席（テーブル）を一つずつMD個人に割り当てる（この作業を「組版会議」という）。MDはそのVIP席を男性客で埋め、彼らから高額の飲酒代を引き出すために、路上やインターネットや人脈を通して女性の客引きをおこなう。男性客がどれほど飲酒代を支払うかはMD個人の能力に委ねられており（これを本書では「テーブルゲスト管理」と呼ぶ）、MD同士での競争も展開されるため、クラブ側にとって高収益をもたらす好都合なシステムとなっている。

これはふだんから自身が抱いていた疑問であり不満を感じていたと言い、クラブの無料入店と「割り勘」を一つの問題として論じていた。典型的なミソジニー的「逆差別」の主張として、オンライン上で反響が出そうなテーマにもかかわらず、コメント欄を見るとたいして反応はなかったようである。むしろ「そんなことは当たり前だ」といった批判的なコメントが目についた。それはつぎのようなものだ。「なぜかって？　男風呂だったら、男たちがあんまり来ないからだろう。女が増えれば男たちが寄ってきて、売上もよくなるからだ。クラブに音楽だけ聴きに行くやつがいるか？　女の質と数が店の売上を左右するんだろ」「そうじゃないだろ。女がいるからこそ男たちが行くわけだけど、ふつうで平凡な女たちはイベントだったり無料ってなれば集まってくる。そうじゃなかったらクラブに行く女は一気にいなくなるんじゃない？　それが商売人の戦略」「女がタダで入店できてこそクラブに女が増えて、女が増えればクラブは儲かる。ちょっと考えたらわかるだろ？」

このようなコメントは、クラブがどのように性差別を利用しているのかについてよく教えてくれている。人間を男性と女性に分類し男性には金払いのよさを求め、女性は男性の金を引き寄せる媒介であり商品として扱うクラブの営業戦略を。入店拒否は、それのみで効果を生むわけではない。入店拒否や女性の無料入店や男性を主な営業対象とするテーブルゲスト管理（女性はフロア、男性はテーブル）が絡まりあい、クラブの空間ルールをつくり上げてきた。このとき女性は何よりも、クラブの「水質」を高める重要な商品だ。そのためクラブのイメージ広告は、すべて女性で埋め尽くされている。人びとが楽しそうに遊んでいる写真ではなく、女性グループあるいは特定の身体的イメージを表象する女性個人を見せることで、そのクラブにどれほど金を注ぎ込む価値があるのかをアピールしている。クラブで売られる酒とＤＪの音楽は、副次的な商品に過ぎない。クラブの「水質」と「水量」は女性の身体で測られ、「水がよいゲスト」[*7]とは女性だけを指す。クラブの雰囲気を盛り上げるために無料で提供されるサービステーブル[*8]もまた、「かわいい女の子」「遊び好きな女の子」にだけ提供される。

フェミニスト地理学者のリンダ・マクドウェル（Linda McDowell）は、「場所とは、境界を規定する諸規則を構成する権力関係を通してつく」られるとし、ある場所を構成する複数の境界が「経験の拠点や現場となるだけでなく、誰がその空間に属しているのか、誰が排除されてもかまわないかを定義する」と指摘している。[★7] バーニングサンとアリーナをはじめとする韓国のクラブはＶＩＰ席には男性を、フロアには女性を配置することで権力関係をセッティングすると同時に、差別的な構図を強

＊7―遊興店や飲み屋、あるいは女性などの「レベル感」を話す際に「水」を用いた比喩表現が使われる場合が韓国社会では多々あるが、やや否定的なニュアンスを内包している。

＊8―本来は男性ＶＩＰが座るテーブル席を女性に提供すること。週末など繁忙日はテーブル席の予約が埋まっているが、そうでない場合、クラブが閑散として見えないように、空間を女性で満たすという目的のために提供されることが多い。

化する装置として入店拒否、無料入店、サービステーブル、宣伝といった策を講じている。女性学研究者キム・ジュヒは、このような〔権力関係の〕配置を通したクラブ経済を「テーブルの性経済」と名づける。高額な飲酒代に堪える男性客、無料でも入店可能なフロアに女性を配置するバーニングサンとアリーナの戦略は、〔クラブの収益化を最大化する〕ＶＩＰ席という「機会」を設けるために、暴力に耐えなくてはならない存在として女性を格下げし、そこで男性がほしいままに暴力を振るう「機会」をつくる。[★8]

バーニングサンとアリーナは、江南の遊興業界を支配している性差別的な空間実践を模倣し活用したうえで、さらに性差別の責任を免れられるよういくつかの装置をここに加えた。前述したようにアリーナ以前から、クラブは女性を商品化し利用してきた。女性はタダで入店できるとの誘い文句で引き寄せ、ウェイターは女性がナイトクラブに入店するやカバンを奪い女性客が帰りたくてもクラブから出られないようにする。タダ酒を飲めるという口実で女性はウェイターの手に引かれ、そのウェイターが管理する男たちの部屋を転々としなくてはならない。遊興酒店はどうだろうか。遊興酒店は多くの女性従事者を抱え、女性を「チョイス」する権利を男性客にあたえる。女性従事者は男性客に「チョイス」されることで収入を得ることができるため、男たちの部屋で発生する暴力やセクハラやわいせつ行為に耐えることは、女性たちが収入を得る「機会」のための必須条件となる。

このように韓国の遊興文化は、すでに差別的なもので構成されている。そのためか、韓国でクラブ通いする人びとは江南のクラブでの性差別的な選別やその閉鎖性を抵抗なく受けいれる一方で、海外出身の人びとはそこに内在する差別をよりすばやく認識できるのではないだろうか。

最後まで金を落とし、本物の男になれ

テーブルゲストになる方法

曜日やVIP席テーブルの位置にしたがって決められた「最低金額」以上の飲酒代を支払うこと。MDを通してVIP席の競売に参加すること。あなたの飲酒代が、他のゲストの飲酒代より高額であれば勝利！

バーニングサンの関連記事を読んだ人であれば、一億ウォン〔約一千万円〕の言い値を付けた「マンスルーセット」という言葉を目にしたことがあるだろう。MDは

男性顧客たちが提示する金額によって、営業日の夜一〇時に「組版会議」[*9]をおこなう。互いが提示する金額にしたがいVIP席の利用可否と席の位置を決定する組版会議システムは、男性客の競争心を刺激することで彼らに無茶な大金を出すように仕向ける。テーブル競争に勝つために、数百万ウォン、数千万ウォンを超える酒を注文するのだ。呆れるほどの飲酒代を支払ってまで、男性たちがVIP席を勝ちとりにいく心理はいったい何なのだろうか？

もちろん、VIP席は「男性」ゲストだけに開かれているのではない。性別に関係なく金さえあれば誰でもクラブのテーブルに座ることができる。だがクラブの性差別的な構造により、VIP席に座る意味は客の性別によって異なるものになる。男性客の場合、初対面の人同士で資金を出しあってでも競争する価値がある対象だとみなされるのに対し[*10]、女性客にとってはそのように金を使うより「水のよいゲスト」として無料入店するほうがマシだと思わせるように促す。VIP席は、飲酒代だけで値づけされているわけではない。場所代というだけでもない。男性客はテーブルを占有することでゆったりと腰掛けられるというだけでなく、権力と金があるデキる男だという注目と承認を受ける。さらに気に入った女性を横に座らせる権限をもち、そうした金がある男性を顧客として管理しようと奔走するMDから女性客

＊9――**原注** どの客をどのテーブルに配置するかについてMDたちが集まり議論する場所で、大金を提示した客ほどよいポジションのテーブルに座れる可能性が高くなる。

＊10――**原注** 互いに知らない間柄でも、テーブルを獲得するために資金を集めてテーブルの競売に参加することを「組閣」と呼ぶ。

をたえず調達してもらう地位を獲得する。一方で女性客は同額を支払ってＶＩＰ席に座ったとしても、得られるものはゆったりと座れる場所と注目くらいのものだ。

クラブで客が集める注目と羨望に満ちた視線もやはり、ジェンダー化されている。最も高値が付いたＶＩＰ席に座る女になるよりは、誰かに連れられてＶＩＰ席に座る女になるほうがマシだ。金をアピールする行為が魅力的に映るのは、男性だけである。女性の消費は「ぜいたく」として解釈される。あるべき「女性性」に、浴びるほどに金を使うという行為は含まれていない。社会通念となっている美の基準に合わせて身体を管理し、変形させることこそが、「女性」としてあるべき行為なのだ。

いままでの話を整理しよう。主流男性向けのこれまでの遊興産業を模倣し収益を生み出すクラブは入店拒否・女性オンリー、入店タダ・イメージ広告のジェンダー化を通して、男性をクラブの主たる収入源として設定し、女性を男性というカモを引き寄せるための商品にしてきた。男性ばかりがＶＩＰ席を占有している状況について、「金を持っているのは男性だから」という意見があるが、[★9] これは事後的な分析に過ぎない。クラブはジェンダー化の装置を至るところに配置することで、ＶＩＰ席＝男性／フロア＝女性という構図を維持してきたし、そうであることを暗示してきた。誰を商品化することで誰の財布の紐を緩めて収益を上げようとしているのか、シナリオは最初から完成されているのだ。

このようなジェンダー化によって収益化するクラブの戦略は、韓国社会を支配するジェンダー二分法とジェンダー差にもたれかかっている。女性学者のクォンキム・ヒョンヨンは、暴力を揉み消せるほどの特権層の男性の力こそが韓国社会での男性性のメルクマールとなったと分析する。暴力を振るったにもかかわらず責任を負わずに逃げ切った前法務部次官キム・ハグィや『朝鮮日報』のパン社長の事件は、ヘゲモニー的男性がその力を発揮した代表的な事例である。クォンキムによればバーニングサン事件で明らかになった男性集団の購買力競争とそのアピールは、あるべき男性になろうとする憧憬と羨望とを実現する実践だという[★10]。男性客が金を積むほどMDは熱心に女性を調達し、VIP席に座る男は相手の同意なしにフロアの女性を選別し横に座らせたりテーブルの上に女性を立たせて遊ぶのだ[*11]。暴力を遊びに転換させられる「力のある」男はその時点で「本物の男」になり、その瞬間をクラブにいるすべての人びとが注目する。他人の羨望と憧憬の視線は、力のある男性に生まれ変わるための必須条件である。

「今日では注目こそが最も大きな価値[★11]」となった注目経済（attention economy）社会で、

*11——**原注** これをクラブでは「UFOキャッチャー」と呼んでいる。

クラブ中の視線を一ヶ所に集めるような金の使い方はすなわち男性性の実践であり、男になることである。ＶＩＰ席を獲得したときと高額な洋酒を注文したときにだけ、花火ショータイムやシャンパンガールによる接待（高額の洋酒を注文すれば、露出度の高い格好をした女性たちが酒をサービングし、横に座って話し相手になってくれる）を享受できる。クラブのなかにいる全員が見える位置に掛けられた電光掲示板にクラブ側はメッセージを書いておき、男性客をけしかける。「さっさと金を使って本物の男になれ」。男性性をアピールしろとあおりたてるのだ。だが羽振りのよさや、目に見えるサービスによって受ける「注目」という価値は、刹那的なものですぐに消えてしまう。注目を維持するには極限に達するほどの刺激を生み出さねばならず[★12]、その刺激を維持するには高額の飲酒代を注ぎ込む他ない。席代を含めた飲酒代によって男性客が男性性を獲得するなかで、クラブのＶＩＰ席は男性のものとして固定されるようになる。クラブで男性たちはダンスをしたり音楽を楽しむためではなくて、女性に対して暴力的に振る舞ってもかまわない「力がある男になる楽しみ」のために大枚をはたくのだ。

女性の搾取を隠蔽する遊びの文化

クラブではしゃいで踊って遊ぶことだけできたなら、どれほどよいだろうか？互いが同意した身体的接触や好意を寄せる相手と「付き合いそうな」雰囲気を楽しむことも問題にはならない。相手との間に流れる性的な緊張感は楽しいものでもあるし、刺激的でガンガン鳴り響く音楽だけでも気分は盛り上がる。時折いざこざや危険な状況が起こったとしても、適切に対応できるような環境だったら遊ぶのに無理はない。酒に酔いたい人は酔い、踊りたい人は踊ればいい。それだけの話じゃないのだろうか？

なのに、どうしてクラブは「女だったら行かないほうがいい場所」の代名詞になってしまったのだろうか？

私がまずお願いしたいのは、女性の方々は江南のクラブに行かないで、ということです。私の周りでも、見た目が悪くない女の子たちが江南のクラブに行ったところ引っかけられて、人生を棒に振った子たち、おかしくなっちゃった子たちがたくさんいます。

バーニングサン事件が世間で話題となってから、オンラインコミュニティで人びとに知れ渡った「江南のクラブの生態系」という文章がある。右の引用文は、投稿者が江南のクラブの危険性を警告しようと書いた文章の一部だ。

「だから、クラブみたいな場所は行ったらダメなんだって。知らないで行ったわけ？」って女性を非難する人も多い。バーニングサンについて話したら、女はクラブに行かないように気をつけないとねって言われて、会話が終わるんです。

二〇一九年、バーニングサン事件について何度か講義をおこなった。講義の最後での参加者との質疑応答の時間でいつも投げかけられる質問は、「女のせい」にしながら「女の心配」をする人びとに関するものだった。バーニングサン事件への対策として「危ないから女たちは気をつけろ」と意見する人びとがいる。だがそれは、クラブが醸成してきたジェンダー化された危険を女性のせいにする、男性中心社会の最もたやすい方便に過ぎない。「江南のクラブの生態系」に書かれた文章は、ある意味脅迫に近い。「これを読んでも江南のクラブに行くわけ？　行くんだったら、人生を台なしにする可能性もあるかもってことを頭に入れて行けば」という脅迫。

だがその言葉のなかには「クラブ通いを試しにしてみた人の人生を滅茶苦茶にしたやつら」への対抗策は探し出せなかった。なぜクラブは女性にとって遊びと危険のラインが曖昧になっているのか、男性は心配しなくてもかまわない性暴力を避けようとするとなぜ女性たちは夜に踊りに出かけることもできないのかについて、「江南のクラブの生態系」は問いを投げかけない。

韓国の遊興産業は女性を商品化する方法以外に、利益を生み出す方法を知らないかのようだ。そのためか、性別や年齢を問わず誰もが追求できる娯楽を示す「遊興」という言葉が、韓国社会では男性だけの遊びを指しているかのように思われる。クラブは韓国の遊興産業の一部分であるが、遊興酒店のように女性の商品化を前面に押し出してはいない。女性を商品化することで収益を上げる点は共通しているにもかかわらず、クラブの経営者らが遊興酒店ではなくクラブを運営するのは、遊興酒店のように従業員を抱えることを避けるためである。遊興従事者を雇用しようとすると、税金が倍かかるのだ。[*12] また遊興酒店に比べて、クラブはイケてる若者たちが集まる空間と相対的に思われているという点もあるだろう。

目立ったかたちで女性の商品化をしていないとはいえ、クラブは男性向け遊興事業の多様な業態の一つである。前述したように女性もクラブへ遊びに行きはするも

＊12―店舗専属の女性従事者が接待をおこなう「遊興酒店」は、食品衛生法施行令により法で認められておりう合法運営であるが、そのぶん規定が多く、かつ課税されるため、これらを避けるべく遊興店経営者たちは「遊興酒店」に類似した違法な業態を展開している。

のの、そもそもクラブの運営方針が女性客を商品として格下げする。さまざまな遊びのなかで、クラブで女性に許されている遊びは「女になること」という楽しみに限定されている。男性客に許された遊びは自身の購買力を通して「男になること」であり、その「男性性化」の過程に女性を性的に対象化し侵犯する暴力が内在している。その対《つい》となる「女性性化」の楽しみとは、男性への依存と従属とを内包しているといえる。クラブが女性に提供するのはせいぜい立ちっぱなしで疲れた脚を休ませられる席とタダ酒、性犯罪の危険性くらいなものである。にもかかわらず、クラブは女性の存在と彼女らの振る舞いを通じて金を稼ぐ。クラブは商品としての女性を利用しながらも、遊興酒店のように従事者を雇用し管理する費用を捻出せずにタダで女性を搾取し収益を生み出している。クラブ側の立場からすれば、女がいてこそ男は金を注ぎ込むが、クラブは女に金を使わない。まさに搾取だ。

女性がクラブで遊び回るだけでも、クラブの収益につながる。クラブに女性客がいなかったら、もしいたとしても男性が性的な対象とみなしアプローチするような女性でなければ、男性たちはそのクラブに行かないし長時間滞在して酒を注文することもないだろう。クラブは「女性のイメージ」で宣伝され、女性化された身体のおかげでうまく店が回っている。女性客はクラブに入店するために体型管理と化粧をしなければならず、「女性らしい」服装を身にまとわなくてはならない。MDを通してクラブに入店した場合、MDが事前に斡旋していた男性客のテーブルに駆けつけて会話し酒を飲まなくてはならない。入店料を支払いフロアのゲストとして入店した場合には、VIP席の客が女性を対象に「UFOキャッチャー」をするというクラブ側のルールにしたがわなくてはならない。またVIP席の客と直接につながらなかったとしても、女性客はクラブのなかにいるだけで、クラブの収益を生み出す商品として機能する。*13

SNSなどオンライン空間でのデジタル労働を分析するとき、ティジアーナ・テラノヴァ（Tiziana Terranova）の「無賃自由労働（free labor）」の概念がよく用いられる。★13 雇用されず定められた賃金もなしに自ら働くインターネットユーザーの労働が、デジタル産業の収益を創出し維持しているというものだ。この無賃自由労働という概念は、労働搾取の観点からクラブに出入りする女性客を検討しうる可能性を示唆している。クラブ側は女性に賃金をあたえないが、女性がいるからこそクラブは収益を上げることができる。典型的な「無賃自由労働」だといえるだろう。

女性客は自らが搾取されていると認識しておらず、「遊び」だと思っている。またクラブ入店以降に男から選ばれることを欲望し、またそれが叶った女性をうらや

＊13――「UFOキャッチャー」を想起すればわかりやすいが、そもそも複数の対象のなかから一つに狙いをしぼり、手に入れることに快楽がある。クラブの場合、フロアにいる複数の女性のなかから、自らが望む女性をほしいままに男性が選び出すことができるという点が重要であって、そのためにはフロアに女性が溢れていることが前提条件となる。

むこと、クラブで「女」としてあおられる経験自体が遊びでもある。男性客が男性になることへ浮かれるように、「魅力的な女になること」はクラブが女性客に許した唯一の楽しみだ。女性は「女」であるときにだけ、クラブで楽しむことができる。「女」の身体でないなら、クラブで音楽と酒を消費する資格もないのだ。

クラブは女を必要とする一方で、身銭を切りたがりはしない。そのため男性中心社会が醸成してきた「女になること」に対する女性の欲望をあおることで、女性に支払うべき賃金を踏み倒しながらも、クラブ空間を女性でいっぱいにする戦略をとってきた。だがそれだけでは商品である女性を十分に用意できないため、女性への無料入店とサービステーブルという方法で女性客を引き入れたり、クラブと関係のある遊興店の女性従事者たちをしきりに調達した。[*14] クラブの収益の大半が女性の存在と彼女らの振る舞いによって生み出されるが、それに対する報酬や女性への責任はクラブ側にない。むしろクラブは、VIPの男性客が女性客を身体的に蹂躙《じゅうりん》し、ほしいままに暴力を振るうことができる環境を醸成しかつ幇助《ほうじょ》することで、VIP客を管理しようとした。女性学者のキム・ジュヒによれば、クラブ入店時に女性が加えられる選別と無料入店という手続きが女性たちを「遊び好きな子たち」としてカテゴリー化しているという。バーニングサン事件の関係者たちは、性暴力と性売

＊14――**原注** クラブアリーナが代表例である。アリーナのオーナーであるカン某氏は自身が運営する、他の遊興酒店の女性従事者を呼びクラブの空間を満たすことで、アリーナの「水質」の基準を引き上げた。バーニングサンもまた開業初期にはこのような方法を採用した。

買を暴力ではなく偶発的な事件だと認識していた。自発的に露出度の高い服を身にまとい夕ダ酒を飲みに遊びに来た「遊び好きな子たち」に対する性暴力は暴力ではないというクラブの暗黙のルールは、バーニングサンで発生するあらゆる性犯罪の強力な後ろ盾であり土壌となっていたのだ。

誰が、どう責任をとるのか

クラブで隠蔽されてきた女性に対する暴力と搾取が、社会に広く知られるようになった。同様の問題が再発しないようにするためには、女性をクラブに行かせないようにするのではなくて、女性を商品化し搾取する男性中心的な遊興から脱却し、誰もが差別を受けることなく楽しめる空間をつくるためにどうすべきかを長期的な視点で考えなくてはならない。その前にまずは、従来のクラブ経営のあり方と女性が背負わされてきた危険に対する責任を厳しく追及する作業が必要だ。現実は、暴力を暴力でないとするヘゲモニー的男性性を解体できないどころか、ヘゲモニー的男性性に力をあたえる結果ばかりになっている。

バーニングサン事件で最も注目された歌手のスンリは、一度も裁判を受けずに入隊した。[★15] クラブとの癒着関係が疑われた警察はどうなっただろうか？　癒着疑惑があった江南警察署は、年末におこなわれる成績評価では前年の二〇一八年よりワンランク上のA評価を受けている。〔バーニングサン事件が世間に知られる契機となった〕バーニングサンのガードマンらによるキム氏暴行事件の際に、キム氏に適切な医療処置を施さなかったとの嫌疑を受けた警察官のA氏は、懲戒処分の対象になるほどではないとの理由により、個人の実績評価が減点されるだけだった。「不正請託および金品等の授受禁止に関する法律」（いわゆる「金英蘭法」）*15違反で待機処分となったソク警視正は、二〇二〇年二月、ソウル冠岳警察署新林地区隊長として復帰した。特定犯罪加重法上斡旋収財法違反、資本市場法違反、職権濫用権利行使妨害、証拠隠滅教唆などの嫌疑にかけられたユン・キュグン警視は、一審ですべての嫌疑に対し無罪判決が下された。バーニングサンへの未成年入店事件を揉み消したとの事由で特定犯罪加重法違反の嫌疑を受けた元警察のカン某氏は、二審で無罪判決となった。

スンリと同時に、二〇一五年から二〇一六年まで二年間で全二四回の性売買斡旋と業務上横領の疑いをかけられたユリホールディングス前代表ユ・インソクはすべての容疑を認め、性売買斡旋、業務上横領、食品衛生法違反などの罪で懲役一年八ヶ月に執行猶予三年の判決が下された。業務上横領の相手であるユン・キュグン警視への嫌疑は一審ではすべてが無罪に、二審で罰金刑を言い渡されたが、二〇二一

*15――公務員や教育機関関係者などが金品を授受した場合罰するよう定めた、収賄防止を目的とした法律。当時国民権益委員会会長であった金英蘭氏が法律案を提言し、二〇一六年九月二八日に施行された。

年五月にユン・キュグンは罰金刑に対し不服を申し立て上告した。バーニングサンのMDだったキム某氏は、性売買斡旋の容疑で罰金二〇〇万ウォンの略式命令を受けただけだった。他方で麻薬投与・流布と薬物性暴力に関与した芸能人とMDたちは起訴処分で送検され、量刑についての裁判が現在進行中だ。

バーニングサン事件での加害者らが事件以降どのように処罰されたのか調べてみても、麻薬関連以外の犯罪に対して厳重な法的処罰がなされた事例を見つけることは難しい。たとえばバーニングサン事件は薬物を使用した性暴力などの性犯罪の温床として可視化されたものの、性暴力と性売買を助長するクラブの環境に責任を負った人はいない。女性を商品化し女性への暴力を助長し幇助することでクラブは高収益を上げたにもかかわらず、売上を最も多くさらった投資者らに対して責任が問われていない。投資者たちが違法性売買を斡旋していたわけではないため、彼らがクラブを通じて得た利潤は没収や追徴の対象にはならない。これはアリーナ経営者のカン某氏についても同様だ。彼は遊興店を複数経営するなかで脱税の疑いがかけられているものの、遊興店で起こった性売買斡旋によりもたらされた利益に対する没収や追徴を求める議論はないように思われる。

バーニングサンが犯罪の温床であったことが二〇一九年に明らかになってから、

暴力と犯罪の行為者として注目されたのはＭＤだった。とりわけバーニングサンの共同代表であるイ・ムノがクラブアリーナのＭＤ出身であり、麻薬の流通を担当していたエナ[*16]やクラブ内で性的動画を違法に撮影し流出させた人物もまたＭＤだと明らかになるや、ＭＤはクラブで発生する暴力の中心として急浮上した。だが海外からの投資者であるリン夫人や、全元産業といった出資者は暴力の背景として名前が登場しただけで聴取もなく、誰も彼らに責任を問わなかった。[*17]

　ＭＤの実際の仕事は、クラブの「ゲスト」をかき集める営業職に過ぎない。従来のナイトクラブのウェイターがそうであったように、客引きをおこない酒を販売する。たいていの場合、ＭＤは自らが周旋したＶＩＰ席のテーブルチャージの一〇～二〇％を手数料として受けとり、女性客をクラブに入店させた場合には女性客がクラブに滞在する時間と女性の容姿にしたがって値付けられた斡旋対価を手にする。ただし女性客の斡旋代は一人あたり数千ウォンにしかならないため、ＭＤの収入源はテーブルチャージということになる。こうしてクラブにいるすべてのゲストの管理（男性を客引きするために必要な女性客から、テーブルに座るＶＩＰまで）を、ＭＤがおこなうことになる。

　ＭＤはただ一つの収入源を安定したものとするために、金づるになる、つまり高

＊16――バーニングサンを訪れる中国人ゲストの管理をおこなっていた中国人女性のＭＤ。

＊17――もともとアジア圏の実業家と関係を築いていたスンリが、国内のみならず海外からの投資者たちに対して性接待を斡旋していた点が事件の一環であることが明らかになった。リン夫人は台湾出身の出資者である。全元産業は一九六八年に設立し、一九八七年南ソウルホテルを引き継ぎ二〇一六年まではリッツカールトンソウルを運営した会社で、以前はバーニングサンが入居するホテルを運営していた。この全元産業はそもそも一九六〇年代に江原道舎北の炭鉱開発で成り上がった。要するに一九六〇年代以降の高度経済成長期とともに事業規模を拡大させ二〇〇〇年代以降も韓国社会に影響をおよぼす経済的な支配層となった企業である。

額なテーブルチャージに金を出す男性顧客たちを熱心に管理する。収入の源泉となる男性顧客の期待に応えるため、顧客管理に麻薬手配や性接待や性暴力が含まれるようになるのだ。ＭＤがクラブのジェンダー化された経営方針を積極的に助長かつ利用している行為者であるのはたしかである。だがクラブの暴力と差別を幇助することで創出した利潤を最も手にしたのはＭＤではなく投資者たちである。

安定的な収入を欠く状況に置かれている、二〇〇人を超えるＭＤの間で毎日のように開かれる「組版会議」を通して顧客のためのＶＩＰ席をおさえなくてはＭＤは金を稼ぐことができない。このようなＭＤの不安定な立場は、売上を出すためなら彼らが犯罪をも辞さない状況を生み出した。ＭＤが流動的な雇用形態であることを盾に、経営者と投資者は責任を免れる。金が必要な人間同士で競争させ、暴力への感覚が鈍くなる環境をクラブに醸成することで高収益が生み出される。投資者たちが放任かつ幇助した競争と暴力は、ＭＤと客たちの責任になるだけだ。

クラブでの収益をさらう人たちほど責任が軽くなるシステムは、遊興店の経営システムと類似している。遊興店でも固定給を支払う雇用形態は、ほとんどない。マダム[*18]や店舗経営者は飲酒代の手数料を受けとり、ウェイターも客からのチップで稼ぎを増やす。遊興店従事者もテーブルごとに定められたテーブルチャージが収入の

＊18—クラブや遊興店を切り盛りする女性を指す。

すべてとなるため、出勤したからといって保障されている固定給はない。いまやあらゆるものが流動化している。

バーニングサンやアリーナの事例からわかるように、莫大な収益を手にしようと思うなら、投資家として関わるのが得策だ。直接に客引きをおこない女性を管理し暴力的な状況を醸成し、歯を食いしばってクラブの収益を維持する役回りは、MDや遊興店従事者のような日銭稼ぎの人びとが「自主的に」やるためである。むしろ投資者らは、被害を被った人びとのように思われてもいる。だが投資家らはジェンダー化されたクラブでの唖然とするほどの高い収益率をわかっていながら投資し、差別を経由した利益を貪った。彼らの罪、責任はいかにして問うことができるだろうか？

アリーナやバーニングサン事件は、韓国の男性向け遊興事業の延長線で起きた事件であって突発的なものではない。アリーナやバーニングサンのような江南のアフタークラブは、遊興店従事者がよく遊びに使うから遊興店のような雰囲気になる、のではない。クラブの営業戦略自体が、遊興店でのジェンダー化された戦略を採用したものだ。よって遊興店が再生産する異性愛中心的なジェンダー区分と差別と暴力の問題が、クラブでも反復されるのである。いまなお遊興店は同じ構造で利益を生み出しており、バーニングサンやアリーナと類似した事件が頻繁に起こっている。当然の話だ。暴力が起こってもおかしくない状況によってこそ利益を生み出せているのに、実際に暴力が起こらないわけがない。このような点を度外視して警察との癒着や薬物カルテル問題としてバーニングサン事件を説明するなら、たんなる複数人の癒着事件として扱われるだけだろう。だがバーニングサンで起こったことは、男性の遊びのために醸成された空間であればいつでも発生する。このような産業が拡大した責任を誰が、どうやって受け止めていく必要があるだろうか?

法の枠内で違法とされることにだけ疑問を投げかけるなら、その手の問いは役に立たないものになるだろう。犯罪を内包する遊興文化の問題は、法を超えて問われなければならない。ある人はクラブを「逸脱した文化」だと規定する。だがそもそも韓国社会がもし平等と人権をみなが志向する社会であるなら、アリーナやバーニングサンの経営のあり方は容認されず、多くの人びとが訪れもしなかっただろう。韓国社会では財力とルックスによる選別と差別が蔓延しており、クラブでの差別も当然視されている。ゆえにクラブで起こる差別や嫌悪や暴力は現代社会の「逸脱」などではなく、現代社会の「反映」に過ぎない。バーニングサン事件へ介入しようとするなら、まずはクラブの土壌となっている韓国社会に広がっている遊興産業を問題視しなくてはならない。また遊興産業を変革しようとするなら、現在そうであるように男性のためにだけある遊興産業を当たり前のものと考える、韓国社会の風潮について問い直す必要がある。私たちの社会は男性向けの遊興事業を「夜の文化」と呼び「地下経済」を放置したまま、そこで起きる差別と暴力から目を背けてきた。誰の利益のために、いかにして暴力が発生する環境が維持されているのかを問わないなら、バーニングサン事件は再び起きるだろう。

二〇二〇年七月、複数の女性団体が朴元淳ソウル市長の性暴力事件[*19]に抗議をおこない、ソウル市の責任を問いただした。秘書が市長の一方的な都合にあわせなくてはならない点や歪められた性役割を遂行すること、日常的なセクハラと性暴力が起こりやすい業務環境、暴力が起こっても抗議が困難な雇用形態全般が、自治体の長による秘書への性的暴力を誘発しているとして[*20]、そのような環境を醸成した責任をとるべく今後の対処が必要だと団体側は主張した[★16]。今度は男性向けの遊興産業に同様の問いを投げかける番だ。何を目的に誰が、性的暴力を「遊び」として許される空間をつくってきたのか？　本当に責任を負う人間は誰なのか？　差別と女性の商品化を前提とする産業に対して、どうすればその責任を痛感させ変化をつくり出すことができるだろうか？

＊19――二〇一一年からソウル特別市市長を歴任した進歩派の朴元淳に対し、二〇二〇年七月に前秘書が性暴力の告発をおこなった。告発直後に朴元淳は自ら命を絶ち、事件は不起訴処分に終わった。

＊20――二〇一八年当時に忠清南道知事であり、進歩派かつ次期大統領と目されていた安熙正が女性秘書に性暴力をおこなっていた事件を指している。くわしくは鄭喜鎭編著『#MeToo の政治学――コリア・フェミニズムの最前線』（金李イスル訳、大月書店、二〇二一年）を参照のこと。

男たちの部屋——n番部屋、ルームサロン、チャットルーム、ポッパン

「男」の部屋ではなく「男たち」の部屋

二〇二〇年上半期、「n番部屋事件」が韓国社会を揺るがした。被害者のなかに一〇代の女性たちがいたこと、二七万もの男性たちが性搾取に直接・間接的に関与したという事実に多くの人びとが驚愕を隠せなかった。二〇二〇年下半期には、児童性搾取コンテンツを製作し世界中に流布させた「ウェルカム・トゥ・ビデオ」の運営者であるソン・ジョンウに対して人びとは怒りをあらわにした。だが、ソン・ジョンウは一年六ヶ月という短い量刑以上の罪を償わなかった。SNSを利用した「新たな」性搾取の現場にどのように介入すべきか、女性運動団体をはじめとして社会全体が頭を悩ませている。

n番部屋と「ウェルカム・トゥ・ビデオ」のように、男が集まる男たちの部屋。私たちはこのような男同士で群れる部屋の存在を、図らずも立て続けに聞くことに

なる。韓国社会では女性に対する男性の集団暴行と搾取は数えきれないほどに多く、ここにすべてを書き記すことはできない。多種多様な「部屋」で男性たちが女性をもてあそぶ行為を「ともにする」ことで「男」になる。彼らはなぜ一人ではなく複数で動画を閲覧するのだろうか？　なぜ「男」の部屋ではなく「男たち」の部屋がつくられるのか？　通信機器を通してオンライン・オフラインを問わず男たちの部屋が野放図に広がっていく、そのような現実を問うことから本節は始まる。いかにして「男たちの部屋」が、あるべきとされる「男性性」を構築するプラットフォームとして作動しているのか、このプラットフォームはどうやって収益化しているか、問いを投げかけてみよう。男性化の装置としての「男たちの部屋」に分け入っていく作業は、「男だったら」「男だから」といった説明のしかたを警戒するための方法でもある。男性化のいかなる行為も、生まれながらの性質として説明することはできない。私たちの欲望は社会的文脈のなかで構築される過程であり結果だという事実をつねに想起するために、「男」がつくられる過程から検討していこうと思う。

「男」はどうやってつくられるのか

性別というコードは性差別的な社会でのみ、意味をもつ差異である。つまり差異が差別を生み出すのではなく、権力が差異を生み出すのだ。★17

フェミニズムの歴史は、女性と男性という「差異」もまた社会的に構築された「差別」の一種だと証明してきた歴史ともいえる。家父長制社会で性別二分法と性差別は空気のように当然視されているため、私たちは振る舞いの根拠を「女／男だから、そうである」というふうに断定しがちである。『火星からやって来た男、金星からやって来た女』『男たちは絶対にわからない女たちの話』『女たちは絶対にわからない男たちの話』のような書籍への社会的共感や、ユーチューブにアップロードされている「女／男の言葉を理解すること」といったたぐいの異性愛恋愛へのアドバイス動画を想起してみればいい。このような事例は、人間は性別によって分類されており性別によってまったく異なる話し方をするという思考回路が、いかに当然のものとみなされているかを示唆している。実際には、私たちはそれぞれ異なる存在だ。私とあなたは同じではない。性別をはじめ、人種や年齢や地域のような社会的属性をもつ集団に分類されるときがあっても、その集団のなかで私たちはそれぞれが異なる属性を抱えながら生きている。性別が同じでないから互いを理解できないのではない。

だが現代社会はどのような姿をしているだろうか。人間を女性と男性とでくっきりと区別できるとみなす性別二分法や女性と男性間の関係構築のあり方を性愛中心的に構造化し、その他の性愛的関係をタブー視する異性愛中心主義が基底となった社会ではないだろうか。そのため「男たちの部屋」が生み出され、それが「女たち」は排除させられたり男たちのために利用されることにつながる。「ジェンダー化」とは、ある行為が性別にもとづいて特定の傾向を帯びており、それが規範のように社会的に共有される現象を指す。韓国社会のあらゆる空間がジェンダー化されており、そうした空間を通じて私たちはジェンダー化されていく。ゆえに「男たちの部屋」は、もともと類似した「男」たちが集団化した部屋ではない。「男たちの部屋」は諸個人の個性のうえに「男性」という性規範を課し、これを内面化させる家父長制社会の装置である。男性性は男性になるために要求される特別な通り道であり、中身だといえる。

だとすれば家父長制社会はどのようにして、「男性」を形成してきただろうか？

文化人類学者のキム・ヒョンミによれば、異性愛主義の男性は、女性やセクシュアルマイノリティのような他者との関係を通して他者に対する優越感を内面化していく。そのような過程を経て男性性を身につけていき、男性として自己規定していく。[18]男性になるには、他者としての女性がいなくてはならない。同じような文脈で女性学研究者のチョン・ヒジンは、男らしくないとするあらゆるものを女性性へと収斂させ、女性という他者を蔑む過程を経て男性性が構成されていくのだと語気を強める。[19]つまりこのように男性におよばない人間として女性を対象化し位置づけるミソジニーは、男性となるための基本かつ必要条件である。イヴ・セジウィックによるミソジニーとホモソーシャルへの考察を援用し日本社会を分析した上野千鶴子は、「男になること」は他者に対する差別と排除ぬきには成り立たず、女性を他者として格下げし性的対象として蔑視するミソジニーこそが、男性集団で同等の性的主体である男性として承認されるホモソーシャルを支えていると論じる。[20]

男性化の過程は諸個人の差異を前提としているわけではないため、すべての男性が等しく同様の男性性を有しているわけではない。家父長制社会が期待する、あるべき男性性のモデルもまた変遷してきた。社会学者のレイウィン・コンネルは『マスキュリニティーズ——男性性の社会科学』において、男性性を言説・文化的構造物として考察し、男性性をヘゲモニー的男性性、従属的男性性、共謀的男性性、周辺的男性性に類型化した。〔とりわけ本書で注目する〕ある時期において理想的とされる男性性としてその他のカテゴリーの男性性より優位に位置し家父長制を維持しようとする男性性は、ヘゲモニー的男性性といわれる。[★21]「男たちの部屋」でも、さまざまなタイプの男性性が形成される。他者を対象化することによって男性性化するという構造を「男たちの部屋」のいずれもがとっており、個人の範囲でこれを断ち切る方法は「男たちの部屋」からの離脱しかない。[★22]

性産業を公的に運用し管理してきた韓国社会では階級や人種に関係なく、いや、むしろそれらの差異を種々混合にした「男たちの部屋」が存在した。女性を性的に客体化し卑しめ蔑視する男たちの空間は、あらゆる場所にいつでも存在していた。このような空間は、現代ではオンラインと通信機器によって移動し拡張するものになった。n番部屋をとり上げたある記事では、n番部屋に入室していたのは相対的に弱く未熟な男性であり、男性集団で認められない男性であるほど女性を搾取する程度がひどくなると分析している。[★23]だが前述したように、他者—女性を排除し差別し蔑視する言動は男性化の基本的な原理である。社会的に成熟しているかどうかにかかわらず、男性化を相互承認する空間に足を踏み入れた瞬間に、男性は差別し排除する主体となり女性をその客体として捉えるようになる。「男たちの部屋」で男性らが享受する快楽の根っこには、男性となる楽しみがあるといってよい。

インターネット上の男性化された規範

二〇一四年にニュースとなった慶熙大学と国民大学の事例以降、大学生をはじめとして航空会社や物流会社や病院などあらゆる場所での、男たちの「グループチャット性的嫌がらせ」が暴露されている。この手の事件を扱った記事のタイトルで「わかっていても根絶できないグループチャット性的嫌がらせ」という表現を見たことがあるが、まるで女性を性的に対象化し卑しめる行為が過ちであると知りつつもやめられない、男性たちの「習慣」であるかのように描写されていた点が印象的だった。[★24] グループチャットでの性的嫌がらせのような出来事は頻繁に起こり、もはや日常茶飯事になっているということを示唆しているのだから。ある時事番組に出演した弁護士は、歌手チョン・ジュニョンのグループチャットに参加していた歌手エディ・キムとロイ・キムがグループチャットで共有したのは[*1]違法動画ではなくインターネットで出回っている「エロい写真」だけだといい、これは「男ばかりのグループチャットらしいが、ちょっとエロい写真をアップしたケース」であって、彼

*1——バーニングサン事件の調査のなかで、スンリのスマートフォンのチャット履歴が捜査対象となった。そのなかに男性芸能人たちで構成されたグループチャットがあり、チョン・ジュニョンたちが女性に睡眠剤を飲ませレイプしている様子を撮影、流出させていたことが明らかになった。

らはだいぶ悔しい思いをしただろうと堂々と言ってのけもした。[★25] 女性を性愛の対象とする行為を男性たちが冗談や遊びとして容認する文化のなかで、違法動画や言葉による性暴力、ミソジニー的な男性文化がインターネット上で広がっていった。

女性学研究者のユン・ボラは、インターネット空間での女性に対する暴力を「遊び」を超えた「性暴力の制度化」と捉えようと提案する。[★26] 男性を中心としてインターネット空間が構成されたというそもそもの歴史からして、インターネット自体が女性に対する暴力を擁護する文化を内包しているとし、いまや女性に対する暴力はたんなる風潮ではなく制度として定着していると指摘する。文化とは異なり、制度は規範を前提とする。同じ社会に生きる構成員に対して特定の規範を義務づけながら、その規範によって構成員を評価するのみならず、規範から逸脱した場合には処罰と制裁を加えるルールが作動する。[★27]

女性を他者と見下し、性的対象として蔑視する発言を冗談まじりで言いあうことで男性の連帯を謳歌《おうか》するさまは、たんなる嗜好や選択として説明できない。そのような振る舞いは、少数派の男性による逸脱したアンダーグラウンドな文化でなく普遍的で主流な男性文化かつ規範となって久しい。軍隊や職場での集団的な性購買文化のなかで誘いを断れない雰囲気は、男性集団の制度的な規範として性購買が位置づけられているその現実を端的にあらわしている。オンライン・オフラインを問わず、他者に対する嫌悪と差別と暴力が、なぜ「男性」たちにとっては快楽や遊びとなるのだろうか？

大勢の利用者が意見を交わすポータルサイトのコメント欄で男性らの声が目立っている現実。[★28]大型インターネットコミュニティの利用者らが「兄貴」と呼びあうルール。[★29]インターネット上で蔓延している女性の外見への評価と無条件に飛び交うミソジニー発言。[★30]二〇〇〇年代半ばにIT企業が没落するなかで確実に収益化できるモデルとして浮上したポルノサイトから二〇一〇年代中盤以降のインターネット性搾取カルテル問題[★31]まで、インターネット空間で男性がいかに中心を占めてきたかについてはことごとく指摘されてきた。メインユーザーが女性の大型コミュニティサイトで、誰かを攻撃し非難したいときに「オバサン臭」という単語を使っている女性ユーザーに衝撃を受けたことがある。あまりにとるに足りないことにまで、男性中心的な規範が貫かれておりインターネット世界が規律化されているのだ。そのような男性中心的な空間では、ミソジニーや暴力や差別とみなされる範囲は狭められていく。それらは「口をついて出る言葉」であり、何ら疑問をもたれるものではないためである。この空間の利用者たちは、からかいや冗談として女性に対する暴力と差別を正当化している。

オンラインコミュニティ上のミソジニーと性差別事件に対する掲示板サイトを分析したキム・スアとイ・イェスルは、男性ユーザーが犯罪者や「イルベ」[*2]や既成世代[*3]の男性との間に一線を引くことで、自身を「善良な男性」だと位置づけていると分析する。法が暴力だと判断しない範囲でのミソジニー・性差別的な言行は、「善良な一般男性」の常識的な振る舞いに過ぎないのである。n番部屋はすでに、男性たちのなかで「イルベ」と同様にリトマス試験紙として機能している。「イルベ」の問題が社会全体に知られるようになると男性たちは、自分は「イルベ」とは違うのだと主張したようにn番部屋の運営者らと一線を引く。ミソジニーや女性への暴力がいかなるものかを定義する権限は「善良な一般男性」である「俺たち」と法にだけあると信じる彼らの態度は、自身を判断基準をもつ超越的な存在として位置づけているために可能となる。[★32]

男性たちは女性に対する暴力の許容基準を上限まで引き上げる一方で、暴力とみなされる範囲をかなり狭めてきた。「男たちの部屋」を守るために、自身らの行為はただのユーモアで遊びであって暴力ではないと主張する。見慣れた光景ではないだろうか？　実際に私たちはすでに、このような主張に日常的に触れている。性犯

＊2──全体として保守傾向で、差別用語が飛び交うインターネット掲示版、日刊ベストストアの略称。

＊3──社会を牽引する世代をあらわし、主に三〇代半ばから六〇代を指す。一九八〇年代の韓国民主化運動を牽引し韓国社会の経済成長とともに歩んできた世代と、階級格差が拡大する若者世代との世代間対立が激しい韓国社会において、若者たちがこの言葉を発する際にはネガティブな意味を内包する。

罪の被害者が「純粋な被害者」なのかを調べ上げようとする行為は、これの代表的なものだろう。対価を受けとっていたなら被害ではなく、必死に抵抗しなかったなら被害ではないという論理を、私たちはあまりに聞き慣れている。性暴力の範疇《はんちゅう》を狭めて、自身らの加害行為を正当化するこのような「男性保護戦略」が、インターネット上でその勢力を拡大しているだけだ。

ここまで論じてきたように、男は女という他者をつくり、この他者より優位に立つ過程を経て形成される。数多《あまた》の「男たちの部屋」は女性を差別し排除することで、互いの男性性を確認および承認し管理する空間として機能する。「男性性の本質」のようなものは存在しないため、男性性を確認させてくれる他者である女、そして互いを主体として認める他の男たちの存在が「男たちの部屋」を構成するうえで不可欠な要素だ。そのため、男たちの部屋は「男」の部屋ではなく「男たち」の部屋でしかなく、男たちの部屋でミソジニーは必須なのだ。

利益を創出する「男たちの部屋」

女性に対する暴力を商品化するとき、韓国社会は暴力の責任を商品化された女性に問う。商品を企画し販売する運営者は、非難されることはない。チョ・チュビン[*4]

＊4——n番部屋事件で「博士部屋」の運営者だった人物。

が発した「金を稼ぐ目的で製作したわいせつ物を、『ブランド化』しようとした」という言葉は、そのような現実をあからさまに物語っている。[★33]

二〇二〇年三月、n番部屋への怒りが社会に沸き上がるなかで、事件告発番組である『それが知りたい』ではオンライン上の「ポッパン」[*5]の実態を調査し報道した。ポッパンは「脱ぐ番組」の略語で、インターネット番組のBJ[*6]が視聴者らの要求に沿って服を脱いだり性的な振る舞いをすることで収益を生み出すアダルトコンテンツだ。『それが知りたい』はポッパンのBJがコンテンツ製作会社や企画会社に所属し、収入の半分以上を会社に持っていかれる事実や、会社が「話すだけでも高収益を狙える」といった触れ込みで女性に番組を始めさせておきながら、稼ぐためにポッパンをやるよう口車に乗せられた女性たちがやめたいといっても、違約金を払わなければやめられないと契約書を口実に圧力をかける現実を、何もかも明らかにした。ポッパンで視聴者らが要求する性的行為のレベルはあまりに過酷で、提供する性的行為の種類が飲食店のメニュー表のように構成されており、投げ銭[*7]の額によってはBJと私的に会うこともあるといった内容も放送された。

女性BJが視聴者と会社とのはざまでさらされる理不尽な現実と、男性視聴者による暴力的な要求が、詳細に報道された初めての番組だった。だが放送終了後に、

＊5――女性が生放送で服を脱ぐ配信番組。

＊6――Broadcasting Jockeyの略で、番組の進行役を意味する。

＊7――視聴者がコメント欄を通してオンライン上で投げ銭をする点がポッパンの特徴であり、BJがその投げ銭の金額に相応するサービスを提供することになっている。

人びとは女性ＢＪを非難しはじめた。「どうせあいつらが金欲しさにやったことでしょ」「オッケー、つぎのクソ〇〇」「いつか全部バレるのにどうやってれば結婚するんだろうね。まあ、一人で生きていきたい子たちは一生ポッパンやってればいいんじゃない」といったコメントに、二〇〇〇以上を超える「いいね！」がついた。ｎ番部屋とポッパンに対する反応がこれほどに違ってくる理由が何なのか、くり返し考えないわけにはいかなかった。児童・青少年被害者と女性たちにいかなる「対価」もあたえられなかったことから、ｎ番部屋事件は性暴力と認識され、それらの経験は被害として尊重された。他方でポッパンは理不尽かつ公正でない契約条件と深刻な暴力性が明らかにされたにもかかわらず、契約にもとづく取引行為としてのみ認識され、ＢＪ女性の被害は女性個人のせいにされてしまった。[34]

ポッパンの問題を女性個人の責任に転嫁する社会の雰囲気は、性売買に対する韓国社会の反応を思い起こさせる。性購買と性売買斡旋に対して、男性の立場からは金を稼ごうと思えばできる行為だとみなし、性販売に対しては女性の過ちだと烙印を押し差別してきた文脈のなかで、「男たちの部屋」は「利益の創出」という安全な空間に自らを位置づけてきた。取引だったら大丈夫だ。女性が「同意」していたら大丈夫だ。同意までの過程に詐欺や欺瞞《ぎまん》があったとしても、女性が一定程度の対価を受けとるなら、暴力は取引に過ぎないことにされる。
だからだろうか？　男性たちは性暴力犯になることを恐れはするものの、性購買者になることにはあまり躊躇しない。私は性売買被害支援相談所で、性売買の過程で起こる性暴力事件や未成年を対象とした性買収事件への支援をおこなった経験から、加害者が自身を性暴力加害者、未成年性買収者とは一線を引こうとする姿を目にすることになった。彼らは「性暴力じゃなかった」「金をやった」「相手が同意した」「相手が未成年者とは知らなかった」と主張し、自身が性購買者であることを証明しようと必死になる。

　理由ははっきりしている。性購買と性暴力では、処罰の重さがあまりに違うからだ。性購買が摘発された場合、初犯であればたいていジョンスクール[*8]で教育を受けたり起訴猶予になったりで済む[★35]。再犯であっても、罰金刑になることがほとんどだ。だが性暴力関連の罪であれば、それが何であれ法的処罰の基準は厳しくなり、社会的処罰のレベルもかなり違ってくる。罪の軽重を裁量する行為自体が危険ではあるものの、n番部屋防止法[*9]の一環で違法撮影物所持者も刑罰を受けるようになったあとでは、処罰の程度だけでいえば違法撮影物所持者が性購買よりも重刑として扱われるようになった[★36]。こうした現実を見るとき、「男たちの部屋」は利益を創出する

＊8—性犯罪の初犯者に対し性教育を受けさせる制度で、一九九五年にアメリカ・サンフランシスコで初めて実施された。韓国社会では二〇〇四年九月二三日の「性売買特別法」施行以降、導入された。

＊9—n番部屋事件発生後に再発防止のために、性暴力関連法やデジタル関連法などに改定が加えられた事項をまとめてこのように称している。

市場経済の一環としてその命脈を保つ可能性が高いように思われる。「男たちの部屋」を金稼ぎのチャンスにしようとしたチョ・チュビンのやり口は、韓国社会が女性への暴力を扱ってきた文脈をそのまま引き継いだだけである。「男たちの部屋」を構成し維持しようとする人びとは、n番部屋とポッパン、性暴力と性売買に対する相反した社会の反応と法的処罰の差異を実際に目にしながら、「対価」がただちに女性の「同意」としてみなされる社会状況を反映して、よりいっそう女性への暴力の商品化に拍車をかけるかもしれない。

変貌する集団性？

性購買は女性への暴力を商品化し、男性の遊びとして定着し制度化された「男たちの部屋」の代表的な事例だ。〈二〇一九年性売買実態調査〉によれば、男性が最初に性購買をおこなった動機は「好奇心（四四・七％）」「兵役などの特別なことの前に（三一・九％）」「会食など酒の席のあと、みんなで一緒に（二九・六％）」「性的欲求の解消のために（二二・二％）」「友人、同僚、先輩からのプレッシャー（一六・〇％）」の順である（複数回答）。特別な出来事の節目としての通過儀礼、酒の席での一部、周囲からのプレッシャーで性購買を始める比率が七七・五％におよぶ。性購買を集団でおこなう慣行が、普遍的に広がっていることがわかる。最初に性購買をするとき、他人が費用を支払う場合が四五・五%にのぼるという調査結果もまた、集団での性購買があることを証明している。性売買がなされる業種全体のなかで、遊興店として括られている団欒酒店、ルームサロン、成人カラオケ、ビジネスクラブ、プールサロン、ナイトクラブで性購買を経験した人数と件数（二二八人、四一五件）が他の業種に比べて圧倒的に多い結果だったこともまた同様の事実を示している。遊興店に一人で行くことはほとんどないからである。

韓国での性購買行為の最も大きな特徴は、集団性に他ならない。集団的性購買を研究したイ・スンジュは、アジアと西欧の性購買研究を比較し、相対的にアジア地域のほうが集団での性購買を媒介に男性間の連帯を深めるという事例が多かった点に注目している。集団性購買は規範的でヘゲモニー的男性主体をつくり、男性が性的主体として互いを承認する過程なのである。男性たちは一人で性購買をおこなう男性を正常でない男とみなす。これらの性購買のナラティブにおいては、性販売女性との個人的な経験の代わりに、ともに性購買をおこなった男性間で沈黙を共有する行為がより重要な意味をもつ。[★37] 性購買と男性文化を研究するシン・ドンウォンもまた、男性たちが個人的な性購買行為を正常でないとみる一方で、集団的な性購買行為は正常だと解釈されると分析する。[★38]性購買を共有する過程を通じて、韓国男性は性購買を逸脱行為ではなく、男であれば誰もがしうる常識的な行為だと認識するようになる。一緒にゲームをするように、性購買をしているだけなのだ。

これと同様に、性購買の集団性も通信機器の進化とともに活発になり、拡大し変貌しているが、私はこれを「情報通信技術媒介性産業」と呼びたい。これはオンライン空間および情報通信技術を媒介に、既存の性売買産業がその取引の領域をインターネット上にまで拡張させたオンラインを基盤とした性売買産業と、デジタルメディアを利用し性的イメージを生産・流通・消費して利益を生み出す産業との二つに分けられる。[★39]オンラインベースの性売買産業は、オンラインプラットフォームがそれ単体で性産業への斡旋ツールになるという点と、関連業者がオンラインを拠点としつつオフライン空間を移動することにより取締から逃れているという特徴がある。チャットアプリでの出会い系や口コミサイト経由のオフィステル[*10]やキス部屋[*11]での性売買の宣伝や斡旋が、オンラインベースの性売買業種の代表的な事例だ。

このなかでも口コミサイトは、また別の「男たちの部屋」として活躍中である。[★40]購買者らは口コミサイトで自身の性購買経験談を共有するが、他の業種よりも、キス部屋やオフィステルのような男性個人が一人で利用する業種について会話が活発

*10―オフィステルとは低層階にオフィスや商業店舗が入居し、中階層以上は居住空間からなる建築物を指す。オフィステルの部屋に客をまねく「オフィステル性売買」については、七六頁の内容を参照のこと。

*11―小部屋で客に対し、キスやセクシュアルな会話を提供する業種。

に交わされている。口コミサイトの投稿は、購買した女性の体のサイズやマインド[*12]に加えて、女性の写真を掲載することになっている。まるで性購買──打ち上げ（性購買の評価共有）という一連の流れがあり、性購買は各自でおこなって感想はオンライン空間で共有するという状況がある。他にも集団での性購買を通してどうやって女性に接すればよいか、業種別の酒の注文のしかたといった性購買の作法などについて、購買者らは互いに手慣れた男性のように口コミサイトで初心者向け「用語マニュアル」を作成し、さらに取締から逃れる方法を共有する。

これまでの韓国での性購買に関する研究では、性販売女性は集団的な性購買をおこなう男性間の関係構築のための部品であり媒介として、つまり客体化された対象とみなされてきた。性購買者らは他者を経由して男性として認められようとし、性的主体として他の男性と同等な関係を結ぶ儀礼のようなものとして性購買をおこなってきた。男同士で楽しく遊ぶための、ゲームやスポーツのような位置に性購買もあったのだ。だが口コミサイトの投稿者らは互いに親しくなったり、ともに性購買に連れ立つわけではない。匿名で情報を共有しているだけだ。投稿者間の親交や性購買行為について沈黙を共有することも重要ではなく、集団的に性購買を勧めて遊ぶわけでもない。他方で口コミサイト運営者にとって、コメントは金になるコンテ

*12──原注　購買者に親切で丁寧な態度を意味する隠語。性購買者が性販売女性を評価する重要な基準の一つである。

ンツだ。口コミが増えるほどアクセス数が伸びるため、投稿者らの参加を促すべく割引チケットや招待チケットを配布するイベントをおこないもする。しかし掲示板利用者らは口コミを共有すること以上に、男性間の連帯を深める空間を準備したり、これを通して利益を上げることを企図したりはしない。

いまだに韓国男性は按摩《あんま》やマッサージ店で性購買をするときにも、性売買密集地域で性購買をするときにも、友人や知人と連れ立っていく。『二〇一九性売買実態調査』でも、性売買をおこなう店を男性が一人で訪れる割合は二〇％前後だった。★41 それぞれの部屋で性購買をしたとしても、性購買のあとで懐を開いて関係を深める過程全体が「性購買」なのだ。集団での性購買を通した性売買の「男たちの部屋」の機能は相変わらずだが、ここまでみてきたように口コミサイトは以前とやや違うかたちでの男性性化の部屋、つまり「遊び」を買おうとする部屋のように見える。このような様子はオフィステル系性売買でも確認できる。オフィステル系の性産業を研究するミン・ガヨンは、ルームサロンが女性を媒介として男性が連帯し上下関係を互いに築きながら承認しあうことで男性性を確認する空間だとするなら、オフィステルは女性との関係を通した男性性の確認に近いと分析する。他者との関係を通じた男性性の確認と、女性という他者を媒介とする男性間の男性性の確認には違いがあるということである。このような差異は男性購買者らのまた別の欲求により起こるのであるが、オフィステルを訪れる購買者らは他者としての女性が性的客体化を超えて「情緒的な欲求」、親密さまでを充足させるように望む。[★42] オンラインベースの性売買産業がみせているこのような変化は何を意味しているのだろうか？

性的イメージを流布し配信することで利益を生み出すデジタル性産業の一種であるポッパンの視聴者らも、これと似た様相を呈している。視聴者らは生配信中にコメントを残し、高額の投げ銭をした人を「会長」と呼んだり、BJと直接会う場で「会長」がBJと近い席に座るなど上下関係を築く姿がみられるが、人びとにとって重要なことはBJとの関係性であって男同士の絆ではない。最も高額な投げ銭をした人にあたえられる商品が女性との私的な出会いであるということは、男性集団からあたえられる男性性の承認よりも、女性BJとの特別な関係を築くほうが重要であることを示している。このような集団的な性購買行為をめぐる男性間の力関係のささやかな変化は、男性性の内実が社会的および歴史的に変容するように、男性性化の戦略もまた時代にしたがって変化していく側面があることをあらわしている。男性性、男性性化はこのように絶え間なく構成される相対的なアイデンティティなのだ。それでも集団か個人かを問わず、男性性化の媒介には他者としての女性が必要だということには変わりない。

男性性化の過程に介入すること

韓国男性の男性性を分析したチェ・テソプによれば、ゲーム産業における男性中心的な規範を守ろうとする男性たちの要求はただ一つで、「ゲームは男たちの領域なのだから干渉するな」ということなのだという。ゆえに、ゲームは相変わらず男だけが楽しめる遊びとなっていると論じた。★43 二〇一五年から現在までデジタル性搾取について社会に訴えかけ、改善を積極的に要求してきたフェミニストたちは「男たちの部屋」を放置しておかないように孤軍奮闘してきた。その行為は、インターネット空間を律している既存の男性中心的な規範を変え、これ以上男性性化の部品とされたり客体として包摂されたりしないという女性たちによる宣言だった。「n番部屋防止法」は男の視線にさらされる女でなく、自らの視線の主体となった女性たちが生み出した変化である。

「男たちの部屋」に加わり運用する人びとへの処罰の可能性を生み出し、処罰のレベルを高めようとする試みは、日常のなかで遊びとして当然視されてきた男性たちのミソジニーと差別と暴力とを、公的な問題として可視化するために重要な戦略であろう。だが暴力が産業として転換されるときに、処罰の対象は狭められてしまう。「男たちの部屋」は、法の隙間を縫うようにして女性への暴力を合法化することに精通している。インターネット空間で起こる女性への暴力は、「正当な」金額を支払っていれば暴力ではなく取引に過ぎないのだという市場経済の論理や、暴力の対象となるのにふさわしい女性がいるという聖女／娼婦の二分法を利用し、また別の性売買産業に転換されていく可能性が高い。

したがってその流れを断ち切るには、男性性の過程そのものに関わる二分法的なジェンダー区分自体への問題提起が積極的に続けられなければならない。オフィステルとポッパン産業において変奏された形態としてあらわれた男性購買者らの欲求からみてとれるように、「男たちの部屋」は社会的文脈によって多様な男性性化の戦略を選択し拡張していく。生物学的な性差という虚構の物差しを基準に、諸個人の違いを男と女の二つに分類し固定する性別二分法が存在するかぎり、男性性を形成し型にはめる「男たちの部屋」は、その形態と中身を変形させながら再生産されていくだろう。他者を蔑視し嫌悪する行為が楽しみ、遊戯、遊びとして通用しないようにするには、主体と他者を区別する論理自体に反旗を翻さなくてはならない。変化の端緒であり究極的な目標でもあるのは、ジェンダー化、性別二分法を打ち壊すことである。

遊興店、制度化された男たちの部屋

ミソジニー産業の典範

二〇二〇年九月一四日、遊興店経営者たちが組織する韓国遊興飲食業中央協会は「二次給付金からの生計型遊興酒店除外を糾弾する記者会見」を開いた。COVID-19（以下、コロナ）によって強制的に営業停止となり生活難となったため支援が必要だと協会は主張し、遊興酒店は「納税一位の愛国業界」だと書いたプラカードを掲げて記者会見に参加したという。[★44] この記者会見が開かれたあとの九月二二日、コロナにより経済的打撃を被った小規模事業主を支援するための四次追加決定予算案論議で、国会は第二次小規模事業者支援金対象に遊興酒店とコーラテック[*1]を含めた。性売買斡旋が頻繁になされている女性搾取の場を支援することに対して女性団体が反対意見を表明したが、給付金は支給された。合法的な遊興酒店で性売買が斡旋されているという女性団体の主張に対し、遊興店経営者らはこうした主張は現実を知ら

*1――コーラとディスコテックからなる造語で、青少年が飲酒や喫煙をせず安全に踊れる場所として支持され、一九九〇年代後半に増加した。現在ではほとんどが廃業することとなったが、一部のダンス好きな中高齢者に利用者層が移行し、残存している店舗がある。

ないままに発されているもので、営業が認められている店舗では性搾取は起こらないと釈明した。またコロナの発生にもかかわらず三ヶ月間で六〇〇万人もの客が訪れたことは事実であるものの、遊興産業全体の店舗数が二万二〇〇〇であるから一店舗あたり三人しか訪れていなかった、そのように計算しなくてはならないと主張するなどした。[★45]

性搾取とは何だろうか？　女性が「接待」のみおこなう遊興店では性売買あるいは性搾取が発生しないのだろうか？　協会の主張どおり全国の遊興店が二万二〇〇〇店舗だとして、そもそもその規模を小さいというのは無理がある。どうして韓国には、六〇〇万人が訪れても一店舗あたりの来店者数がたかだか三人になるほどに多くの遊興酒店が展開されるようになったのか？　遊興酒店はなぜ「納税一位の愛国業界」だと自らを規定するようになったのか？　給付金をめぐる論争を通じて、私たちは「合法的な」産業として定着した遊興産業の諸相をうかがい知ることができる。韓国では、遊興産業は合法的で制度化された市場経済の一部として管理されている。法のみならず、社会的にもそうである。韓国社会で社会生活を送る成人男性であれば、遊興店は誰でも行くことができる「ビジネス」空間としてあるのだ。

男性の呼び出しに応じて女性が男性を接待する遊興店は全国に四万二二八四ヶ所[★46]、

遊興店で男性を接待する従事者の規模は一三万九九九四人におよぶ。[47] 遊興産業の肥大は、最近のことではない。一九九七年の統計によれば、当時も遊興酒店と団欒酒店[48]はそれぞれ二万三三〇〇ヶ所、一万八八二一ヶ所といまと変わらない規模を誇っている。[49] 食品衛生法施行令第二一条第八項は、団欒酒店と遊興酒店を「遊興従事者」の有無で区別している。前者は法的には遊興従事者を置いてはいけないのだが、法的区分と関係なく客が望むなら「女性キャスト」を呼び出せる団欒酒店とカラオケを、私たちはすぐ周囲で目にすることができる。また法律によれば遊興従事者は「客とともに酒を飲み、歌や踊りで客に遊興を添える婦女子」[50]で、これは女性だけができるとされている。

遊興産業は、合法と違法の間を行ったり来たりしつつも制度として確立している。女性を嫌悪することで男性をかたちづくる「男たちの部屋」はこのような遊興産業にならいながら、自らの位置を探し求めている。遊興店は男性の遊びのために女性が働き、男性が女性を蔑視し性的客体とする過程を、集団的な楽しみとして再生産するミソジニー産業の典範である。男性性化の過程であるバーニングサン、n番部屋、ポッパンのような事例を合法的な産業として構築しようとする戦略に介入し断ち切ろうと思うのなら、韓国社会の遊興産業により深く分け入っていく必要があるだろう。

遊興店「一次」の性政治

性売買処罰法は、性売買を（類似）性交行為に限定している。このときの性交行為とは男性性器の挿入と射精を意味し、類似性交行為もまた口腔および肛門など身体の一部または道具を用いて射精させる行為を指す。多数の事例に当たってみたが、いずれも男性が性器を挿入したり射精したりしない場合は性売買ではないとみなされている。前述したように、遊興店の経営者らが「遊興店では性搾取はない」とする主張する根拠はまさにこの点にあり、違法な性売買は発生しないということでもある。

だが性購買者が最も多く性購買をおこなうルートは、遊興店からである。ルームサロン・団欒酒店・成人カラオケ・ビジネスクラブ・ナイトクラブを対象とする『二〇一九性売買実態調査』の結果や、性売買被害支援をおこなってきた私の経験からすると、遊興店でかなりの性購買が起きている。暴力団組織の遊興店運営実態を調査した韓国刑事政策研究院の研究でも、やはり遊興店で直接に性購買を斡旋はしないものの、男性は性購買のために遊興店を訪れると分析している。★51 このように遊興店側は性売買の範囲をあまりに狭めて想定しているが、実際には違法な性売買の斡旋が頻繁に起こっている場所であり、性売買につながる主要なルートとなっている。したがって、性搾取がないという遊興酒店の経営者らの主張は合理的なものとはいえない。

なぜ韓国社会では遊興店での接待を「一次」と呼ぶのだろうか？　女性従事者が男性客に酒を注ぎ踊り歌う遊興店の「接待」が「一次」と呼ばれる瞬間、接待は「二次」、つまり性売買との結びつきのなかで構成され定義されている。遊興店での性暴力事件に対するインターネット上の言論は、すでに韓国社会が「一次」と「二次」の連続性があることを十分に認知していることを示唆している。性購買のなかで起こる性暴力への告発文ですら、多数の人びとが「そんな場所で働いているんだったら、そんな目に遭うってわかってるんじゃないの」と女性を非難する。

遊興店で接待をするからといって、なぜ性暴力による被害を予見したり甘受したりしなければならないのだろうか？　接待と性売買は区分されず、遊興店はこの二つが可能な空間として想定されている。この連関があるため、遊興店の接待は「一次」と呼ばれる。捜査機関を含む社会の構成員が「一次」と「二次」を結びつけて考えるため、遊興店の従事者らに対する性暴力加害は性暴力ではなく「合意した性関係」としてみなされる。他方で法だけが「一次」と「二次」を分離し、「二次（性売買）」がない「一次（接待行為）」を、食品を売る行為のなかの一部として分類する。社会的にはすでに公式化された「一次」と「二次」の結びつきを法はまったく考慮していない。

性購買を前提としない「一次」は果たしてありえるのだろうか？　接待のなかで暴力や搾取はないのだろうか？　インターネット世界の男性ユーザーが性暴力やミソジニーや性差別とみなされる範囲を最大限に狭めようとつとめるように、遊興店における男性器の挿入と射精だけを女性に対する性的搾取・暴力としてみなすことは、搾取の基準を性交行為に最小化することにつながる。それは接待のなかで起こる暴力を正当化する論理に過ぎない。実際に、性売買は性交行為のみで構成されるわけではない。一五分ショートタイム[*2]であっても、女性は男性に笑いかけ挨拶を交わし、去ってゆく男性を見送らなくてはならない。性交行為をめぐる男性の欲求を充足させるために演技しなければならない過程をすべて「一次」、つまり接待と呼べるだろう。性売買女性は、身体的にも感情的にも男性を興奮させなくてはならない。所定の接待時間からの時間延長が商品の一つとなるのは「一次」がなされる遊興店だが、決められた時間内で「サービス」を提供し、他の性売買業種と差別化を

＊2——原注　Short time. 一五分以内に男性を射精させる性売買密集地域の性売買商品。

図る業種にオフィステル性売買というものがある。

オフィステル性売買は「彼女モード」というキャッチフレーズで、サービスを宣伝する。「彼女モード」とは、女性が男性客の「彼女」のように「愛嬌」を振りまき、一緒にシャワーを浴びておしゃべりするサービスを指す。「単純にセックスを販売するのではなく、時間と空間、自己像や社会的関係を特別なかたちで構成した世界観を売ること[★52]」である。このように男性がパートナーに期待する特定の「女性」を演技することは、オフィステル性売買だけでなく、すべての性売買業の特徴でもある。どの業種でも「女」と「男」という異性愛中心的なパートナー関係が必然とされ、自らを指名した「男」が要求する「女」を演じなくてはならない。人びとがよく口にするように女性でありさえすれば性売買女性になれる、のではない。女性は性売買女性に「生まれ変わる」ことでこそ、性売買産業で商品になることができる[★53]。男性が望む理想にあわせて女性が演じ、男性を満足させる工程すべてが事実上の「一次」である。

「一次」と「二次」は、性売買業が互いを差別化する戦略と男性客の期待とのなかで明確に線引きされることもあるが、実際は単純ではない。だがそのような棲み分けの曖昧さに関わりなく、「一次」は「二次」を、「二次」は「一次」を前提とする。客は自身の期待と状況によっては「一次」だけおこなって「二次」までいかないこともあるし、「一次」には金を支払わずに「二次」だけを好むこともあるし、「一次」だけもありうる。このような現実を考慮するとき、「遊興店では性搾取はない」という遊興酒店の経営者らの主張こそ、現実を知らずに発されている声といえる。いや、わかってはいるものの搾取と暴力の範囲を最小化して接待と性売買との連続性を覆い隠し、遊興産業を正当化しようとする主張だ。遊興産業の「一次」は「二次」があるがゆえに、可能となる。

遊興店管理の歴史

植民地時代以降から現在まで、韓国政府は性売買を違法としてきた。だが性売買の延長線上でのみ存在しうる遊興店は全国で四万ヶ所あり、「ビジネス」をするなら誰もが訪れうる公的な空間として私たちの生活に溶けこんでいる。この日常性と規模の大きさは、矛盾をはらむ政府の性売買政策が生み出してきた結果である。

韓国の性売買管理政策を研究したパク・ジョンミは、性売買を公認しながらも管理はしない一方で、いつでも女性を取り締まり処罰できる不安定な位置に置く、という行政命令により性売買を管理してきた韓国の性売買政策の特徴を「黙認―管理体制」と定義づけた。[54] 一九四八年の第一共和国[*3]樹立以降、米軍政と第一共和国は公娼制を廃止して「娼妓」を「接客婦」に置き換え、公娼廃止—私娼管理体系を築いた。[55]

韓国で性売買は違法ではあるが、時期によっては、特定地域では性売買が合法化された。性売買が許されたあらゆる業種において管理対象となったのは、女性の身体だけだった。食品衛生法は一九六二年に制定されたが、一九五七年にも伝染病予防法施行令にしたがって「慰安婦または淫売行為をする者」「ダンサーあるいは女給」とともに、「接客婦」は性病検診を受けなくてはならなかった。[56] 一九五〇年、朝鮮戦争の時期に韓国軍と連合軍のための慰安所を、米軍駐屯以降には米軍駐屯地域を中心に「特定地域」である基地村を指定し管理してきた韓国政府には、米軍の性病管理事業の援助を受けて女性の身体を積極的に管理してきた歴史がある。[57]

二〇一八年二月、ソウル高等法院は一一七名の米軍基地村の「慰安婦」の女性たちが国家を相手に提起した損害賠償請求訴訟で、国家が米軍基地村を築いた責任を認め、補償するよう判決を下した。裁判部は判決文で「（国家が）基地村の慰安婦に外国軍を相手にした『親切なサービス』、つまり外国軍が安心し基地村の慰安婦と心置きなく性売買をできるように積極的に外国軍を相手にした性売買を要求し、こ

＊3——一九四八年八月一五日に大韓民国政府が樹立し、初代大統領李承晩が選出されたあと、同政権が一九六〇年四月に打倒されるまでの時期。

れを通して外国軍の『士気を鼓舞・高揚』させることで国家安保に必須な軍事同盟の維持に寄与する一方、外貨獲得のような経済的理由で慰安婦たちを動員しようとする意図や目的で基地村を運営・管理したこと」であることを明記した。[★58] 米軍政と第一共和国が米軍と男性の安全な性購買のために、女性の身体を管理してきたこのような政策は、二〇二一年七月まで「感染病の予防および管理に関する法律」第一九条を通してその命脈を保ってきた。[★59]

二〇二一年七月現在の感染病の予防および管理に関する法律第一九条によれば、①青少年保護法施行令第六条第二項第一号による営業所の女性従業員、②食品衛生法施行令第二二条第一項による遊興接客員、③マッサージ師に関する規則第六条によるマッサージ店の女性従業員は、三ヶ月から六ヶ月毎の周期で梅毒、HIV／AIDS、その他の性的感染病検査を受けなくてはならない。[★60] ここで「青少年保護法施行令第六条第二項第一号」とは「チケットタバン」[*4]を指すが、チケットタバンは現在も性売買斡旋がおこなわれている性売買業で、二〇〇〇年代中盤まで一〇代女性を対象にした性売買が頻繁に起こっていた場所だ。検診対象者のリストが記しているように、国家は遊興店だけでなく性売買斡旋が盛んな産業（チケットタバン、マッサージ店）についても熟知している。だが性売買を斡旋しながらも他の業態に擬

*4——原注　時間を「チケット」で区切り、制限時間のなかで女性を統制する権限を販売する店舗。キム・ジュヒ「性産業空間チケット営業タバンにおける一〇代女性の『仕事』に関する研究」『青少年文化フォーラム』（김주희〈성산업 공간인 티켓 영업 다방 내 십대 여성의 '일'에 관한 연구〉《청소년문화포럼》）第一四巻、二〇〇六年を参照。

態している業種を縮小する方向ではなく、男性購買者が性病に感染しないようにするために、女性従事者に対して性病検査を実施する政策を展開してきたのだ。

いまのいままで、韓国政府は遊興産業の規模を縮小させるどころか、遊興産業の売上を国家の収益に充当することに関心を注いできた。駐韓米国援助使節団(USOM)が「料亭」を韓国の観光コンテンツにと提案するや、韓国政府は一九六八年に「観光振興のための総合政策」で「料亭」と「キーセン」[*5]を観光資源として発展させる計画を発表した。日本人男性を対象にした観光コンテンツとして生み出された「キーセン観光」を、全斗煥政権期に開催されたアジア大会と盧泰愚政権期の八八年オリンピックに合わせて来韓予定の外国人男性を対象に宣伝し、「キーセン」を指導するなどして、遊興産業を観光コンテンツにつくりかえるのに政府は躊躇しなかった。[★61] これは過去の話ではない。二〇一四年に江南区はクラブ型遊興店一〇店舗を「ブランド健全クラブ」として指定し、江南観光情報センターホームページに掲載したが、ここにはバーニングサンのロールモデルとなったアリーナが含まれている。[★62] バーニングサン事件が世間的に話題になっていなかったら、バーニングサンもまた観光コンテンツの一つとして紹介されていたのではないだろうか?

*5―キーセン(妓生)とは、酒席で歌や踊りを通して客を楽しませることを生業とした、朝鮮で古くからある職業の女性を指す。宮中での妓生は宮妓と呼ばれたが、一九〇九年にはその宮妓制度が廃止されるなど、日本による植民地支配以降妓生の位置づけは変遷し娼妓化が進行した。

女性従事者を供給する輔導房《ポドバン》の登場

制度化された遊興産業がその規模を安定的に維持しようとするなら、十分な数の女性従事者を購買者に供給しなくてはならない。性売買特別法以前の遊興産業は、唖然とするほどの高利子をつけて返済するよう仕向ける前払金[*6]や、遅刻や欠勤をすれば数十万ウォンの言い値で罰金を支払わせる制度を通して、女性従事者を遊興産業に足留めしてきた。だが性売買特別法施行以降、いまや遊興店の「アガシたち」[*7]にも人権があり尊重されなければならないという認識が広がると、運営者は他の方法で女性を供給する戦略を構想するようになる。高利貸を前提とした前払金と罰金制度は依然として残っているが、大都市を中心にした遊興産業では「輔導房」が女性従事者を管理し供給する新たな主体として登場する。

輔導房は一種の無許可職業紹介所だ。輔導房という単語は国立国語院『標準国語大辞典』には記載されていないが、たいてい「団欒酒店や遊興店などに酒を用意したり、性売買をおこなう女性を供給する業者」[★63]という意味で使われている。遊興産業が輔導房システムを中心に運営されてきた歴史はそれほど長くはない。新聞記事を中心に輔導房の歴史を確認してみると、[★64]「輔導」という用語は一九八八年から記事に登場する。一九八〇年から一九九〇年代末までの新聞記事では、輔導房は「未

*6―性売買店舗で働く際に、住居費や身の回りをまかなう金銭を事前に雇用者が貸与すること。これには雇用者が言い値で設定する利子が付き、何かにつけ雪だるま式に女性に借金を背負わすきっかけとなっている。

*7―韓国国立国語院『標準国語大辞典』によれば、アガシとは結婚適齢期の女性を指す言葉とされている。現代韓国社会でのアガシという言葉をめぐる社会通念については、本書の第三章冒頭を参照のこと。

成年者」性売買斡旋の主犯として報じられている。★65 一九九九年の『毎日経済』に掲載された、ソウル地検少年部が発表した輔導房運営実態および取締実績によれば、「接待婦」の七〇~八〇%が家出した青少年だった。未成年者性売買斡旋の主犯格である輔導房の深刻さが世間で話題になったことから、職業安全法の枠内で処罰してきた輔導房の業者らに対して青少年保護法を適用することにし、厳格に処罰すると公表した。★66 このように未成年者性売買斡旋に対する処罰が強化されて以降、輔導房はその営業対象を成人へと移行したようである。

輔導房が成人女性斡旋の問題でとり上げられた最初の記事は、二〇〇一年の『文化日報』の記事である。記事によれば、「主婦」をカラオケに無差別に斡旋する業務形態に対して「韓国遊興飲食店中央会富川支部は最近決議大会の場を設け、『カラオケの接客・酒類の販売行為をおこなっており、営業に多大な支障をおよぼしている』として当局に徹底した取締を促した」とある。★67 当時の記事ではカラオケで働く成人女性従事者を違法として例外的存在のように扱っているが、二〇〇二年に京畿道で発刊された報告書によれば、「売春女性」全体の規模のうち二九・一%(三万四九三二人)を「輔導」経由が占めていた。★68 さらに二〇〇四年にユ・ヨンチョルが輔導房を通して斡旋された性売買女性を連続殺害した事実[*8]が明らかになると、輔導房

*8──二〇〇三年九月から二〇〇四年七月にかけて、二〇人を殺害した事件。

は「性売買女性の主要供給所」として記事化された。

社会学者のパク・ジョンミによれば、一九八〇年代から遊興飲食店とチケットタバンが目につくほど広がり、性売買産業の中心が専業型性売買（性売買斡旋のみ扱う形態）から兼業型性売買（遊興店のように食品を提供しつつ性売買を斡旋する形態）へと移行した。[★69] 輔導房の出現は、外国人観光客ではなく、国内の中産階級のホワイトカラー男性サラリーマンが遊興店の新たな消費者として台頭することで、接待と性売買をセットにした兼業型性売買店が広がった一九八〇年代の性売買産業におけるパラダイムシフトがまねいた結果である。兼業型性売買店の購買者が急増するにしたがい、人びとのニーズに合う女性を十分にたえず調達することができる方法が必要となり、輔導房がその役割を果たしたのである。

歩いて一周できるほどの面積に性売買店舗だけが隔絶され密集する専業型性売買空間、つまり性売買密集地域とは異なり遊興産業の遊興店は他の産業とは隔絶されておらず、全国至るところに店舗を構えている。遊興産業はこの広い業界全体に女性を安定的に供給すると同時に、性売買特別法に抵触せずに、かつ女性を拉致したり人身売買をしないようにしなければならなかった。変動する条件下で遊興店の経営者たちは性売買を前提とした前払金なしに、拉致と監禁という方法を避けつつ、女性従事者を客に安定的に供給する方法を模索した。女性を性売買産業に供給してきた過去のやり方が、各種の法や政策の再整備と女性の人権に関わる言説の広がりによって変化を迎えたとき、輔導房は法の隙間を縫い、かつその領域を押し広げた女性供給の手段となったのである。

輔導房の営業を通した遊興店への女性供給は、国内の男性性購買消費者層の拡大とそれによる遊興産業の膨張や、一九九〇年代後半から始まった携帯電話の普及[★70]、一九九九年の青少年保護法を根拠として強まった処罰、二〇〇四年の性売買特別法の制定といった社会のさまざまな変化のなかで活発化していくこととなる。

遊興店のラベリング

遊興店が女性を十分かつ持続的に確保しなければならない理由は、それほどに男性からの需要が多いためである。この需要を維持し市場規模を拡大させようとする遊興産業の運営者たちは、遊興店の商品を多様化してきた。韓国の遊興産業はさまざまな業種を考案し、業種間の差別化をかぎりなく緻密に設計する。それによって各店舗のテーブルチャージ[*9]、女性従事者の服装や飲酒代の設定や接待のなかで許される性的・身体的接触の度合いが変わってくる[*10]。だがこのような細かな差別化と多

＊9──原注 TC（table charge）などと呼ばれる。接待に支払われる対価。

様な商品開発への努力がむやみにおこなわれたとしても、遊興産業が販売する商品は結局のところ「酒」と「女」の二つである。大差ない商品をまるで別の商品のようにそれぞれ設定しているからか、業種を指す用語はしょっちゅう入れかわり一貫した基準はない。だが男性客は多様な選択肢から一つを厳選したかのような錯覚に陥り、自らの「選択」が店舗の「サービス」と女性の外見、飲酒代を勘案した合理的な選択であるかのように振る舞う。遊興店のラベリングは、遊興産業がその規模を拡大し、業界内部で絶えまなく新たな収益を生み出すための商品化戦略に過ぎない。市場規模が大きくなるほどに複数の資本家が市場に参入し、似たり寄ったりの商品を成分やパッケージ、広告モデルの差別化によって販売数を確保しようとする他産業の戦略と同じである。

遊興産業はまさにそうした、たいした違いがないのに異なる商品であるかのように見せることで生まれるわずかな差異を、女性の物質的・非物質的な振る舞いを通して表現しなくてはならないという致命的な問題を抱えている。遊興店のラベリングは、「女性」を業種により別の商品として再構成し分類する方法だ。遊興産業がラベリングを通して店舗を高・中・下級と分類しランク分けするなか、女性もまた外見にしたがって高・中・下級に序列化される。人間を外見で並べることとそれ自体

＊10――原注　遊興店の業種区分は〈表1〉を参照。

が、そのように商品として取引される現実が、遊興産業の外では性差別と呼ばれるのに、遊興産業ではただの業種ごとの特徴と同程度に自然なことだと思われている。★71

遊興店のラベリングは、女性従事者が自らの身体を変形させ表現するスタイルの方向性を示して合理化する装置でもある。女性従事者には業種のレベルによって、それぞれに合った「ホール服」のスタイルや化粧のしかたが暗黙に、だが確実に期待されている。たとえばルームサロンのなかでもいわば高級な「テンプロ」*11の店舗では、最大限ナチュラルな服装や化粧、ある程度高額に見えるアクセサリーを身につけなければならず、「口説くのが簡単そうに見えない」女性の身体をしていなくてはならない。他方で同様のルームサロンでも、高級ではない店舗では「テンプロ」よりも遊興店で働く「アガシ」のような服装と化粧を要求される。女性従事者は自身が働く業種に合わせ、男性客に選ばれるために店舗側が期待する「アガシ」の身体を体現するようになる。だが遊興店の規範に合わせて身体を変形させるほど、男性客は女性従事者をむやみやたらに接してもかまわない「アガシ」だと認識するアイロニーが生まれる。

*11—テン(一〇)プロ(%)は、上位一〇%の高級店を意味する。

〈表1〉遊興店業種および特徴

業種名	特徴
テンプロ	・時間内で女性がいくつもの部屋を移動することができる。 ・ルーム系列のなかで最も高級。 ・公的な二次はない。 ・女性従事者の外見が重要、店舗内外で客管理が必須。
テンカフェ（ルームカフェ）	・時間内で女性がいくつもの部屋を移動することができる。 ・テンプロがより大衆化した業種。 ・公的な二次はない。 ・女性従事者が部屋を立ち去ったり客を拒絶することは難しい。
ハードコアクラブ	・基本時間：1時間10分 ・公的な二次はないが、ルームのなかで格式が最も高い。 ・ルームでの脱衣後、口腔性交をおこなう。
ポールサロン（ハードポール／ソフトポール）	・公的な二次がある。 ・マジックミラーチョイスシステム。 ・ルームで脱衣後、口腔性交をおこなう（ハードポールの場合）。
カラオケ練習場	・基本時間：2時間 ・軽く遊ぶ雰囲気で格が低い。 ・客の年齢層が低い。
カラオケ酒店／団欒酒店／カラオケバー	・基本時間：1時間 ・カラオケと類似するが、洋酒を販売しカラオケより店舗が大型。
カラオケ	・基本時間：1時間 ・ビール程度を販売、小規模。 ・ドレスではなく私服着用可能。
バー（モダンバー／着席バー）	・時間設定なし。 ・時給が低く、大量に飲酒する必要がある。
日本駐在員クラブ	・主な客層が日本人。 ・女性従事者は日本人と韓国人が混在。 ・二次はない。

第二章

ルームサロン共和国の「享楽」

遊興店の営業戦略

いったい何がそれほどよいのか？

性売買被害支援相談所で働いている私たちの間で、遊興店はつねに話題に上った。遊興店でこれほどまでに頻繁に性売買がなされているのに、性売買でなくともあらゆるミソジニー的な行為が容認される空間であるにもかかわらず、店舗数があまりに多い現状をどのように理解すればよいのか頭を悩ませた。現場での活動を始めてからよりいっそう遊興店が私の目に入るようになったのだが、その状況にはまさに「知れば知るほど見えてくる」[*1]という言葉がぴったりだ。本書の読者も、どこを歩いてもいまや遊興店の看板が目に入ってくるようになるだろう。旅行先で滞在するモーテルの密集地域ごとに遊興店が付設されており、モーテルの部屋に置かれたティッシュ箱には「女子大生」「看護師」といった文字と電話番号が書かれている。弘大入口駅から合井駅[*2]まで続く大通りに面した地下の店舗は夜にだけ明かりがとも

*1──〝아는 만큼 보인다〟。一〇〇万冊以上を売り上げた書籍のなかのいちフレーズで、以降新聞記事やメディアをはじめとして人びとの間で広く使われるようになった。

*2──弘大はソウル西部に位置する若者が集まる繁華街で、弘大からひと駅南に位置する合井駅との間には、クラブや飲食店が並んでいる。

る。ふだん何の気なしに歩いていた私の目に、看板の端に書かれた「遊興酒店」という小さな文字が目につきはじめた。たとえばテレビ放送のなかでたばこはモザイク処理される一方、遊興店のなかでホール用のドレスを身につけた女性を男性客が指名し横に座らせて酒を飲ませ蔑む場面は、隠されることなくお茶の間に垂れ流されている。〔ソウル東北部・新設洞駅周辺の〕飲食店街に位置する私たちの団体事務所の近隣には、団欒酒店と遊興酒店が一つのビルに一つずつ入居していて、退勤ルートである地下鉄駅の裏通りでは夜ごとワゴン車が女性を乗せ運搬している。*3

韓国社会にはかなりの数の遊興店が存在し、その歴史も長い。遊興産業は国家が奨励する産業であり、これまで高い地位にあったことを第一章でくわしく論じたが、韓国で暮らしている人であればその事実を誰もが知っている。遊興店がそこら中にあるという事実を。カラオケ店に行けばキャストを呼ぶことができることを知らない韓国人は、どれほどいるだろうか？　いったい何がそんなによいのだろうか？　遊興店の「一次」で、どのような楽しみがあるから男性客は大金を払うのだろうか？　遊興店は飲酒代も高額で、女性従事者一人あたりのテーブルチャージだけでもふつう一〇万ウォンになる。テーブルチャージが最も低いのはカラオケであるはずなのに、そのカラオケですらキャッチ一人あたり一時間二万ウォンから二万五〇

＊3――女性たちを遊興店に斡旋する輔導房のワゴン車を指す。

〇〇ウォンを支払わなくてはならない。性売買がない「一次」で、いったい何に魅力を感じて、これほどまでに遊興業界が人気があるのか気になりはじめた。そのため私は大学院に入学し、遊興店をテーマに論文を書くことを決めた。遊興店について、深く考えてみたかった。そこでいったい男たちは何を楽しんでいるのか、そのなかで働く女性従事者は何に直面しているのか知りたかった。

遊興店の営業戦略についても関心が大きかったため、店で働くウェイターや楽器を演奏するバンド、遊興店の店長やオーナーたちに手当たり次第会ってみたいと思っていた。だが遊興産業に関わる男性たちと会うことは容易ではなかった。結果的に性売買被害支援相談所での活動を通じて出会った相談者のなかで遊興店での経験がある女性たちに、私の疑問について掘り下げて聞くことができた。遊興店の客たちに会う必要があるのではないかと悩みもしたが、女性たちの経験と彼女らの解釈を中心に遊興店を分析することにした。

遊興店の他の行為者たちに接触する代わり、遊興店の求人サイトと口コミサイトに掲載された遊興店の広告バナー、遊興店の仕事を紹介する広告コピーを分析することにした。デジタル時代の変化に歩調を合わせ、女性従事者や男性客や店舗管理者たちは、オンラインコミュニティや求人サイトや口コミサイトでそれぞれの利害関係にしたがって情報収集と交流をおこなうため、遊興店の広告コピーや紹介メッセージは容易に探し出すことができる。そのすべてのサイトに成人認証さえすればすぐにアクセスでき、会員登録なしに内容を見ることができる。

二〇一八年から二〇一九年にかけて、遊興店求人サイトのなかでも「Qアルバイト」「わかって〇」「女〇アルバイト」「悪〇アルバイト」を中心に調査をおこなった。遊興店求人サイトの実際の利用者数を推定する方法はなく、またサイトに掲載された遊興店の広告内容は大差がなかったため、代表的なサイトを選定することは難しかった。そのため、最近多くの女性が利用しているとインタビュー参加者が紹介してくれた「Qアルバイト」の掲載内容を中心に情報をとりまとめた。★1

その他にも、性購買経験が共有される口コミサイトで男性購買者がどのような内容の評価コメントを書き込み、店舗側がサイトを通じ、どのように客引きをおこなっているのか、サイトの管理者たちはどのような環境をつくろうとしているのかを検討しようとした。「夜の文化」「店舗評価」などでグーグル検索[*4]をおこない、性売買の現場でよく話題になる三大口コミサイトである「くら〇とするかけっこ」「夜〇戦争」「〇メセンター」を定期的に訪れ調査を重ねた。「くら〇とするかけっこ」「〇メセンター」が閉鎖されてからは「夜〇戦争」が性購買の評価サイトとして代表格となっ

＊4――韓国社会での代表的な検索エンジンはNAVERでありユーザー数も多いが、NAVERは検索にフィルタリングをかけ性的なコンテンツの閲覧を制限しているため、性的コンテンツに関わる情報を得ようとする場合、グーグル検索を用いることがある。

たようだが、性売買の現場での活動団体の告訴・告発により現在では閉鎖されている。★2

遊興店従事者へのインタビューは、私を複雑な心境にさせるものだった。性売買被害支援相談所の相談員という立場から、相談者を支援するために話を聞くこととはまるで異なる経験だった。互いに気安く話せる相談者を中心にインタビューの許可をとり、調査を進めつつも、当事者の経験を「分析」する行為自体に妙な自責の念と抵抗感がこみ上げてくることがあった。活動家として相談事例を分析した文章を書いたこともあるが、やはり論文を書くためのインタビューをおこなうには、かなり注意深くならざるを得なかった。私が当事者の経験を利用して修士学位という利益を得るかのような、ばつの悪さ。わざわざ思い出したくない経験を私が蒸し返すことになったらどうしよう？　女性たちにとってインタビューはどのように記憶されるだろうか？　私だけでなく、現場での活動をもとに論文を書いていた大学院の同期生もまた長い間、こうした問いに何度も立ち返らなくてはならなかった。このような問いにすぐさま答えることはできなかった。私たちは、自らを目撃者として位置づけようとした。偶然にも目にするようになった彼女たちの苦痛が、私と当事者とを結びつけたのだと。私が目にしている光景を公の場所にひらいていく、その過程に書くことの意味をみいだそうとつとめた。当事者の経験から学ぶのだと心に深く刻みながら、インタビューを準備し女性たちに会った。

彼女たちがインタビューに参加するかどうかを判断する材料として、インタビューに先だって研究の目的と意義やインタビューの進め方を事前に文書で提示した。要望があった場合には具体的な研究計画書を送付した。遊興店をいったいどのようにしたらよいのか、インタビュー参加者に意見を求めもしたし、インタビューの最後には感想を共有する時間をもった。「これだけくわしく話したのは初めてで、話しながら自分の経験を整理することができた」という感想だったり、インタビューをおこなう理由を私に尋ねてはインタビュー参加者がふともらした「ほんと、この本がたくさん読まれて、遊興従事者が直面している暴力的な状況が改善されたらいいのに」といった切なる願いが、研究を継続するうえで大きな力になった。二〇一九年の夏の間、インタビューをするために女性たちに会った。インタビュー参加者のプロフィールはつぎのようなものである〈表2〉。遊興店求人サイトのＵＲＬは〈表3〉に整理した。主に二〇一八年から一九年にかけてこれらのサイトを分析した。

〈表2〉インタビュー参加者のプロフィール

名前（仮名）	年齢	学歴	業界参入年齢	性産業での労働期間	雇用形態	これまで経験した業種	二次の経験
ジソン	30歳	大学在学中	23歳	5年	輔導／指定	モダンバー／カラオケバー／カラオケ／一次ルーム／二次ルーム（二次が必須のルーム）／オフィステル／出会い系／日本駐在員クラブ	○
ヘス	25歳	高校中退	17歳	9年	輔導／指定	団欒酒店／ルームサロン／カラオケ／遊興酒店／ポールサロン	○
ジェミン	25歳	高校卒業	20歳	6年	輔導／指定	カラオケ／ポールサロン／酒店／ルームサロン／ソフトポール／キス部屋	○
ドヨン	28歳	大学卒業	20歳	6年	輔導／指定	モダンバー／キス部屋／カラオケ／ルームサロン／カラオケホール／ハードコアクラブ	○
ボリョン	31歳	高校中退	19歳	7～8年	輔導／指定	チケットタバン／カラオケ／ルームサロン／出会い系／酒3種／性売買歓楽街（飲酒と性購買を同時におこなう場）	○
ジョンス	40歳	大学院卒業	16歳	15～16年	指定	カラオケ／カラオケ酒店／ルームサロン／ナイトクラブ／マッサージ／海外での性売買（クラブ、マッサージ）／クラブ（女性を雇用して運営するクラブ）	○
ギュソン	35歳	大学中退	30歳	6年	輔導	カラオケ、遊興酒店	×
ミナ	46歳	大学中退／大学在学中	20歳	19～20年	指定	ルームカフェ／ルームサロン／テンプロ／マッサージ／酒店	○
ナユン	26歳	大学在学中	16～17歳	9～10年	輔導	出会い系／カラオケ／オフィステル／リップカフェ（キス部屋と類似）／マッサージ	○

・インタビューに参加した女性の多くは、店舗・労働地域・業種を転々とした。これは新顔（New Face, NF。新人の女性従事者を指す性産業の隠語で、購買者に女性を売り込むフレーズの一つである）が、性産業のなかで「よく売れる」条件であり、それゆえに女性従事者たちに共通した特徴となっている。なかでも首都圏をはじめとする都市部では多様な店が存在し転職が自由であるため、このような特徴は首都圏でよりいっそう際立っている。
・「輔導」は複数店舗で、「指定」は特定店舗で働く形態を指す。
・業種に関する説明は、第一章の〈表1〉を参照のこと

〈表3〉遊興店求人サイトのリスト★3

	サイト名	URL
1	Qアルバイト	https://queenalba.net/index_nadult.php
2	わかって○	https://algojob.kr/
3	女○アルバイト	https://www.foxalba.com/
4	悪○アルバイト	https://www.badalba.com/

遊興店における「一次」の営業戦略

遊興店では、男性の楽しみを保証するために接客のなかでなされる工夫がいくつかある。そのなかの一つが、従属的なパートナー関係を結ぶ「チョイス」とテーブルチャージ計算システムだ。男性客が自身の横に座る女性従事者を指名する「チョイス」は、接待で欠かせない。これまでの性売買研究では、遊興店の「チョイス」は男性にとって高額な飲酒代とテーブルチャージを合理的な消費として転換させる段階であり、「女性と現金が交換される売買の瞬間」[★4]として分析されてきた。本書では「チョイス」を別の観点から、つまり男性客と女性従事者を一対一のパートナー関係として捉え、男性客に従属させる装置である点に注目する。遊興店の接待は、女性従事者にとってある種の舞台となる。その時間内で女性従事者は自身を「チョイス」した男性客の期待に応えて「アガシ」を演じる。アガシの席はパートナーの男性の横に固定され、アガシの表情や身振りや言葉遣いなど、すべての振る舞いが男性客に従属する。

数時間一緒にいるわけだけど、たばこを吸いに行くのにも気を遣わないといけないし、トイレもひとこと言ってから行かないといけなくって。どっかの宮女でもないのに。「ちょっとトイレに行ってきます」って言ってから行って戻ってて。（許可されないと行けない？）うん。何も言わずに行ったら「あの子どこ行った？　俺が金払って時間を買ってるのに、あいつ、なんで席から離れるわけ？　なあ、この分の時間差し引くぞ？」――ボリョン

ボリョンが話すように「チョイス」のあとに女性従事者は男性客の必要に応じて踊ったり歌ったりするため、席を移動すること以外は自由に動くことはできない。[*5]男性客の「許可」なしに女性が移動することができない環境は、男性客による性的・身体的な侵犯に対し女性たちができる抵抗と自己保護の戦略を縮こまらせてしまう。このような現実を反映するかのように、インタビュー参加者は遊興店で男性客が「アガシ（私）を買う」と表現する。

酒を飲んで瓶を空けないといけないし、同時に歌わないといけない。それはまあ置いておくとしても、男がいて、その人が一定の時間金を払って私を買う、っていう感じ？　金で私を買って酒を飲むっていうか。（中略）上下関係がはっきりとあるわけで。――ジソン

*5――**原注** テンプロの場合、一〇分に一度ずつ女性従事者が別の部屋に移動する。テンプロは遊興店のランクのなかでも最高級であるため、このように女性たちの移動が可能なのであり、男性客もまた一〇分ごとに女性従事者が入れ替わる点をテンプロの商品の特徴の一つとして受けいれている。女性の交代がなく、一つの部屋にのみ滞在させるようにするには、より多くの金を支払うことで女性を部屋に「縛りつけ」なければならない。女性の滞在時間は、支払われた金額に応じて決められ、テンプロの女性従事者はその時間内は男性客の横にいなくてはならない。

〔韓国では一次と二次は違うふうに見えるじゃないですか。実際には違うものなんでしょうか?〕いや、私には同じ。何だろう、最終的には金で人を買ってるから、どう見たって。私はそれ以外の何物でもないと思ってる。とにかく結局は、そいつの横に私を座らせて金で買うってことでしょ。だから、私は〔客たちが〕女を買ってる、とは思ってるわけです。——ヘス

まあともかく、アガシを売って何とかして働かせて、働いて、店のやつらが金を稼いでる。——ギュソン

女性従事者は、男性客の許可なしには動くことができない物理的な束縛にさらされる。女性が男性に従属するパートナー関係を前提にした遊興店で男性客が金を出して買おうとする商品は、特定のサービスではなく「アガシ」という存在それ自体である。このような関係はあたかも一対一の異性愛関係の情事に見えるが、接待のなかでの男性客と女性従事者の間の不平等な権力関係は王と侍従、主人と奴隷の関係に近い。

正直、出勤できなくてもいい。できなくてもいいし、しなくてもいいんだけど。接客はうまくやらないといけないです。話をたくさん聞いてあげないといけないし、客に親切にしなきゃダメ。うまく接待できなかったら、金を稼げないから。（客が王なんですね。）そうね、ほーんとに客が王ですね。――ヘス

どうしてもこの仕事はとにかく酒を飲まないといけないから。その空間、何て言えばいいのかな、ちょっとさっき話したみたいに、金をもらう時間内は主人と奴隷になる感じ？　私は相手に何も言えないわけじゃないですか。相手が私に金をくれる人になるから。それがしんどいんだけど、男たちは私たちが金を簡単に稼いでると思ってるでしょ。――ジェミン

男性客の選択にひたすらしたがう「チョイス」が、男性客と女性従事者の間で結ばれるパートナーの一方的な従属関係に互いを慣れさせる過程だとすれば、不公平なテーブルチャージシステムは「一次」での従属関係を維持する装置だといえる。「一次」の対価は「テーブルチャージ」「ＴＣ」と呼ばれる。女性従事者は男性客が

指定した時間まで部屋のなかでパートナーとして滞在する場合にかぎって、テーブルチャージを受けとることができる。途中で男性客が女性を部屋から追い出したり、男性客の無理な要求を退けて女性従事者が自ら部屋を立ち去った場合、女性従事者はお金を受けとることができない。パートナー関係の始まりも中断もすべてが男性客の決定に左右される。遊興店は女性を束縛し男性客に従属させる「パートナー関係」を商品化し、決められた時間内での空間の掌握権を男性客に一任する。「従属的なパートナー関係」を享受しようとする男性客が接客に料金を支払うため、遊興店は「チョイス」とテーブルチャージが策定するシステム、および女性の移動を制限する暗黙的な（しかし相互に了解されている）規則を変えようとはまったくしない。

男性の楽しみを保証する遊興店の二つ目の装置は、男性の性的侵犯を「ちょっかい」として正当化するものだ。

たいてい一〇〜一五分くらい経つと触ろうとする客が多くなってくるから。けど最初のほうは「うん、まあ」って、胸を触るのを放っておいたら、太ももを触ってきて、太ももの内側からスカートのなかに手が伸びてきてっていうふうに、だんだんひどくなっていく。あとから、「ああ、許したらダメなんだな」ってわか

ったんですよね。触ってくる客がほんと多くて。――ジソン

ジソンは表立ってはスキンシップを禁止している店で働いていたときにも、パートナーである男性客による性的侵犯を「許容」しなくてはならなかった。インタビュー参加者たちは客による性的・身体的侵犯を「タッチ」「スキンシップ」と呼び、我慢できないほどの侵犯をおこなう男性客を「クソな客」と呼んでいた。性的侵犯が「タッチ」「スキンシップ」と呼ばれるとき、その暴力性は削ぎ落とされ、相互が同意した関係での接触という行為になる。耐えられないほどの侵犯が「クソ」程度だとみなされる遊興産業の現実は、女性従事者による性的振る舞いがいかに日常的であるかを示している。男性客にとっては、遊興産業では性的侵犯が容認されるとの前提があり、女性従事者それぞれに同意を確認することはない。男性客が同意の可否を尋ね、女性従事者が拒絶したならどのような状況になるだろうか？　たいがいの場合パートナー関係は中断され、男性客によって女性従事者は部屋から追い出されることになる。

私たちがもじもじすると、客にとっては面白くないわけ。そうなったら途中で

キャンセル。（中略）テーブルでのそういう、太ももを一回触ったり、胸を一回触ったりスキンシップをしたからって、女たちが実際に告訴しますか？　何か行動しますか？　しないです、絶対に。あと「そういうことが起きて何か行動するなら、そもそもこの仕事をやるべきじゃないでしょ」って言うんですよ、オーナーたちが。（え、オーナーたちが？）当然そうでしょう。触られた話をただ、なんていうか「しょっちゅう胸を触ってきて、ほんとこんな感じで」って言ったら、「あのなあ、それだったらそれで受けとめてあげないと。そんなことでイラついたりしたら客が来るか？」って。これがふつう。「どいつが胸触った？」なんて聞いてくれる人はいないですよ。――ボリョン

スキンシップに積極的に応じなかったため部屋から追い出されるという経験をしたことで、接客中のスキンシップはすでに「合意された内容」だという現実に気づいたとボリョンは話した。性的侵犯を受けいれないのであれば「その仕事をしないこと」というオーナーたちの言葉は、遊興店で女性従事者を性的に侵犯する行為が事前に承認された行為であることを示すものだ。女性従事者の同意と選択は、無意味なものであるかのように片づけられる。

ほんと嫌です。（何が？）踊るときも、私たちが考えるような、ほら、クラブに行って楽しもうと思って踊る感じの踊りじゃなくて、おじさんたちの踊りってあるじゃないですか。女性とペアになって踊るやつ。（ブルース？）うん、そういうのをするんです。絶対、そういう人間たちは。部屋がまず暗くて、照明だけ回ってるじゃないですか。だからやたらと触ってくる。（だから表情がこんな感じだったんですね。）クソしんどい。——ジェミン

ジェミンにとって「ブルースタイム」で男性客がおこなう性的侵犯は「クソしんどい」ことであるけれども、この侵犯を拒むという選択肢はない。拒んで部屋から移動した瞬間、男性客から受けとるはずだったテーブルチャージを諦めることになるからだ。男性客にとって、遊興店での性的侵犯はすでに金によって合意された「スキンシップ」であり、女性従事者は遊興店の規範になじまなくては働くことができないことを経験的に理解している。

ふつうのルームサロンはとりあえずスキンシップがありますすね。でも仕上げだ[*6]

*6——原注　ハードコアおよびハードボール店舗において、男性器を口で勃起させること。

とか、服を脱いだりとかそういった決まりがなくて、ただ二時間ほんとに接客だけで時間が流れていく。私は正直、ルームサロンも性接待だと思ってます。性接待なんだけど、それなりにスキンシップして、酒を注いでおつまみを食べさせてあげて、おつまみでチューしてあげる、その程度？　――ドヨン

ドヨンがいう「それなりのスキンシップ」の基準は、テーブルチャージやその部屋の雰囲気と男性客のスタイルや、さらにいま自分が金をどれほど必要としているのかに左右される。ナユンは、男性客の性的侵犯にどこまで対応しえるのかを判断する基準をより具体的に教えてくれた。男性客からの要求を断っても大丈夫な雰囲気の部屋なのか、拒否して部屋から追い出されてその日の収入がなくても問題ない経済的状況なのか、その日自分の働く他の店の客数が多いからいま接客している店での性的侵犯を拒絶してもかまわない状況なのか。店長と知りあってから付き合いが長く、客からよくないクレームを受けたとしても店長が理解してくれる関係なのか。同じ地域でずっと働かなくてはならないのに客を拒否した場合、これからも働くことが難しくなりそうか、その客がその地域によく訪れる人であるとき、拒絶したらその地域の他の店で働きづらくなりそうか。いま同じ部屋にいる他の女性たち

の雰囲気はどうか、女性たちが互いに気を利かせておこなう気配りの程度がどれほどか——といったいくつもの点を考慮するとき、性的侵犯を「スキンシップ」として看過するか拒否するかを見極めることができる。

このように「基本」となっている、「それなり」の性的侵犯の基準はそのときどきで流動的であるが、インタビュー参加者はテーブルチャージによってその基準が変わってくるという事実を話すこともあった。

実際に料金が変わってくるから、そういったタッチもちょっとひどくて。（基準も違う？）はい。（うん……そのむやみやたらに触ってくるのは、もらえる金額が多いほどひどくなる？）はい、そうですね。絶対にそうだとはいえないですけど、ある程度そうだと思います。——ジソン

カラオケもランクがあるんですけど、二万五〇〇〇ウォンもらえるカラオケは絶対にスカートをはかないとダメです。けど、二万一〇〇〇ウォン、二万ウォンのところは、オーナーたちもそれほどうるさくないですね。「ラクな感じで来な。ジャージだけはナシで。ジーパンはいてきてもいいけど、ジャージはナシね」た

だそんなふうに言いますね。堂々と。――ヘス

カラオケが、まあでも一番ラクじゃないかな？（どういう点で？）そうね……客に対する負担がちょっと少ない感じ。（中略）まあ、お代がちょっと安いじゃない、酒代とか。ルームサロンみたいなのは店長の知りあいも接待する、そういう負担もあるし、クラブ[*7]ではとにかくメンバー[*8]たちにヘマがバレたらダメだから。――ジョンス

最初からカラオケに連れていく輔導房は、たいてい送迎車はワゴン車で、お姉さんたちの年齢が高いです。四〇代くらいのお姉さんもいるし、ほんとに上の人だと五〇代もいましたね。そんな感じなので客の年齢層も高いし、ペイはほんと少ないですね、その代わりに。**江南がたとえば三万五〇〇〇ウォンくれるとしたら、そっちは二万五〇〇〇ウォン。こういうふうに、他のところよりも金がちょっと少ない代わりに、ラクなのはパンツルックでもいいところですね。服の露出がなくてもいいんです。**外から見れば、カラオケから出てくる人には見えないような。**ズボンでも、露出しなくてもいい。私の考えですけど、働くんだったら、**

*7――原注　ビジネスクラブを指しているように思われる。ビジネスクラブとは、ルームサロンに類似しているものの飲酒代の相場が比較的安価な業態である。

*8――原注　一般的にルームサロンに固定で働く女性たちは一人のマダム（店舗を切り盛りする女性）に紐づいており、店を巡回し同行営業する。それを「ボックス」といい、「ボックス」となって同行し一緒に働く女性を「メンバー」と呼んでいる。

アガシの立場からすればよっぽど安全でラクだと感じますね。とにかく露出がない服を着てもよくてズボンをはいてもいいから、その代わりに時給はちょっと低いけど、少しでも安全に働けるなら、そこで働いたほうがマシだなあって思って。

——ギュソン

ヘスとギュソンはテーブルチャージと服装の露出のレベルを、許容できる「スキンシップ」の基準と結びつける。テーブルチャージが高くなるほど露出度の高い服を着なければならず、そのような服を着ると性的侵犯がひどくなっていくというのだ。ギュソンは、「男たちが私たちを見るときに、すごく酒に酔ってたりするから、ちょっとやらしい格好をしてたら、『なるほど、遊ばそうと思ってああいう服を着てきたんだろう』って判断する」ため、テーブルチャージが安いことには目をつむり、自身の安全のためにカラオケだけで働いていると端的に話すこともあった。しかしこのような解釈は、女性の格好や振る舞いによって男性の性欲が刺激され、それにより性的暴力が発生するという性暴力被害者に向けられる誘発論と似ている。これは商品化された自らのポジショナリティとともに、遊興産業の外側でもさまざまなかたちで商品化されている女性の劣悪な状況をインタビュー参加者たちが勘案した判断でもある。その結果、性的侵犯は女性従事者、つまり個人が選択したことであるかのように置き換えられる。この論理にしたがえば、安全を求めるならテーブルチャージを低く設定する店舗に移動しなくてはならず、高額のテーブルチャージをもらおうとするなら男性客たちが要求するスキンシップを拒否してはならない。

（テーブルチャージが割に合ってると思いますか？）いや、私はもうちょっと高ければいいなって思いますね。（なんで？）一時間で三万ウォン私たちが稼いでいるとしたら、客たちは三万ウォン分って思うっぽい。（自分が支払った金額？）うん。私の値打ちが三万ウォンって思うみたい。その価格はたしかにそれ相応なんだけど。一時間で三万ウォンだったらたくさんもらえてはいる。変わらないといけないのは客たちの考え方。けれど、私がしつこく言っても客は変わりそうにもなくて。
——ヘス

（だったらテーブルチャージを上げればいい？）テーブルチャージが上がったら、客の期待値も上がるでしょ？——ジョンス強調するが、テーブルチャージは性的侵犯の対価ではない。ヘスの話のように、テーブルチャージは男性が女性に付けた価値でもあり、ジョンスが話すように男性が自身の期待を反映させたものでもある。高級店であるテンプロをメインの職場にして働いていたミナは、テーブルチャージを男性客の好奇心を刺激する装置として理解していた。相対的に高額なテンプロの店舗での飲酒代とテーブルチャージは、その消費をいとわない客のポジショナリティを象徴するものであり、高い「価値」をもつアガシたちに対する好奇心をあおろうとする遊興店の戦略なのだ。このようにテーブルチャージが安い、あるいは高いことと、女性従事者の格好には因果関係はない。だがオーナー、客といった遊興店関係者らは、性的侵犯の許容範囲を女性従事者の選択であるかのようにしてきたのである。

男性客の「享楽」

暴力を隠蔽するデート遊び

女性を従属させたまま性的侵犯を自由におこなえるシチュエーションのなかで、男性客は何を心待ちにして座っているのだろうか。その第一に、最も典型的ではあるが「デートするように楽しむこと」がある。

〔二次が目的の男たちと〕違うのは、一次の男たちは私に付き合えって言うんだよね。連絡先を交換して客の管理をするじゃない。そしたらその人たちは私と店の外でデートをしたがる。金をくれるわけでもないのに、そういう人たちは多いんですよ。「ねえねえ」って客に話しかけたあとで「あ、ごめんお兄さん。何だか気が緩んじゃった」って言うと、喜ばれるんです。「気が緩む」そのひとことが嬉しいみたい。「お兄さんに無意識に気を許しちゃったみたい」って言うと、「ラクにしなよ〜」って言われる。（なんで客は嬉しがるんでしょうか？）だいたいの人は客扱いされないほうが好きでしょ。（客として扱わないなら、なんでしょう？）まあ恋人とか、いい感じの関係の男、友だちみたいな。——ヘス

男性たちのデートごっこに関わる欲求は、性的侵犯が「スキンシップ」「タッチ」というやわらかな親密感を表現する言葉で言いあらわされる理由にもなっている。男性客には「享楽」を提供する一対一のパートナー関係の女性が表現する親密さや、女性従事者の笑顔に対して疑いはない。それ相応に崩した言葉遣い、初対面でありながら長い付き合いのようにカジュアルな会話、ナユンの表現にしたがうなら「さわやかでほほえましくて、甘ずっぱくて面白い、いい感じの雰囲気」。セクシュアルな緊張感が流れる関係性のなかで、互いに親密さを表現するジェスチャーで男性客は楽しむ。ルームで座っている男女が相互に好感を抱き、それをもとに「一次」の空間が持続されるだろうという男性たちの錯覚は、女性従事者がこの演技を中断してルームの外に出ていかないかぎり、問題ではないのだ。

（ただ歌うだけなのに、なんでアガシを横に座らせるんでしょうか？）私も聞いてみたんで

すよ、「それだったら、一人でカラオケ行けば」って。でも一人でカラオケ行くのは嫌なんだって。横に誰か座っててほしいって（客がテーブルで期待することは？）**情ですね。情があって、声をかけてくれて、肌に触れてきておねだりされるのが好きですね**。あの人らは金を出してるから、それなりの品位も保っておきたい。本性を出したいし甘えたいんだけど、おかしな人だって変に噂になるのは嫌なわけ。自分のメンツがあるから。だからアガシがリードしてくっついてくれるのが好き。情があるふうに。私はやりたくないんだけど、感情労働だし……。――ヘス

女性従事者は自身のパートナーである男性に「情・思いやり」と「いい感じの雰囲気」を提供しなければならない。男性客が望む思いやりとは、セクシュアルな緊張感を前提にするもので、「女」つまり「アガシ」によってつくられる。もちろん、これは部屋で座っている男性の状況にしたがって変わってくるが、ビジネスのために利用する場合ではなく、友人や先輩後輩、師弟関係の男性たちが遊びで利用する場合、「いい感じの雰囲気」のなかで女性従事者からの「思いやり」を期待する。このような状況は、性購買者が女性に「親密性」を求めるという、これまでの性売買研究でなされてきた分析と似通うところがある[★5]。男性客の集団的な性購買行為を

分析したシン・ドンウォンは、男性性購買者たちは「面倒見、直感、情緒的な親密さ、か弱さなどのいわば女性的な諸要素を拒否し否定」[★6]することで男性らしさを獲得すると同時に、非男性で他者としての性売買女性との親密で心の通った関係を欲望し、その関係性から「心の安息所」[★7]を得ようとすると分析する。性売買のなかで男性たちは女性を他者として位置づけ、そのような他者を経由することで、自ら排除し葬り去ってきた情緒的で感情的な領域を獲得しようとする。

一九七〇年代以降のグローバルに広がる性取引を「脱産業化した性産業」（post-industrial sexual commerce）として再定義したエリザベス・バーンスタイン（Elizabeth Bernstein）は、男性顧客がセックスワーカーに外見よりもあたたかさと親近感を求めるが、このような情緒的な結びつきは男性にいかなる義務も課さないことから、これを「限定的な真正性」（bounded authenticity）と名づける。異性愛関係において要求される女性の性的役割はジェンダー化された役割と連動している、というこのような指摘は、性売買をはじめとするその他の性取引に関する分析でも共通してなされている。[★9]従属と暴力とを感情としてオブラートに包もうとする男性たちの欲求は、女性たちが接客のなかで経験する否定的な感情を表現できないようにし、男性の欲求中心の感情労働を駆使しなくてはならない状況を生み出す。「二次」に向かう道中では、性的スリルや異性同士の「恋愛」としてお持ち帰りするほどの価値がある「アガシ」からの情の深さが、男性客にとって必要になる。暴力を振りかざされた女性が選択肢がないゆえに男性客に親切にせざるを得ない状況になるようでは、「二次」の楽しみは台なしになるからだ。

男性客がいかなる義務と責任をも負うことなく遊興店で女性を通して得られる温情を、「限定的な親密さ」と呼ぶことができるのではないだろうか？　この限定的な親密さは、「二次」を構成する暴力的な装置を、情緒的なものとして非可視化する。男性客は、女性従事者がわざわざしかたなく接客している事実を理解している。だが女性従事者の思いやり溢れるジェスチャーや客を拒否しない言葉遣い、全面的に男性客をケアするといった遊興産業が前提としている筋書きは、「二次」のなかでの暴力性をひた隠し、それが女性従事者個人の感情による遊興的な行為として見えるように仕向ける。「自分たちもいいと思ってしていること」という錯覚は、不平等な関係からくる罪悪感や居心地の悪さを和らげ、従属的な関係での暴力性を回避する格好の手段となる。これはポルノのやり方とも類似している。強制的に始められた性暴力を女性が楽しんでいると男性側が受けとめ、女性が性的な喜びに屈し、女性側から暴力を望むような結末に突き進むといったポルノのストーリー展開を共有している。そのため「一次」のデート遊びは、男性ではなく女性従事者から甘え、積極的に始めなくてはならないのだ。

自慢と虚勢

(その人たちは何を期待して来るんだろう?) うーん、スキンシップ。私の考えではそうですね。スキンシップです。それから〜、おもてなし!(おもてなし?) そいつがバカなこと言っても「うん、そうね。お兄さん、かっこいい」(高めのか細い声で)。結局サービスじゃないですか。いくら変なこと言ってても乱暴にされても「お兄さん、ほんと犬っぽくてかわいい」みたいに、どうにかして合わせてあげないといけないでしょ。だから全部に合わせてあげることかな。――ドヨン

金さえ払えば女性従事者に何をしてもかまわないという遊興産業の暗黙の了解のなかで、男性客は自身の力を誇示し、気分をよくする。自慢話を親切にやさしく受けとめてくれて、自身の財力や地位やイケてる具合に驚き感心してくれる女性従事者の反応に、楽しんでいる男性客たちはよりいっそうテンションが上がる。

自分の外見に対する自信がずば抜けてて、月給がどれくらいだとか、車がとか〔どういう車に乗っているか〕そういう自慢話をしてくる。アガシたちにセクハラしたり、どれくらいお金もらってるのか聞いてくるときもあるし。ただ日常的なことを話す人もいるし。あとは何かな？　アガシたちに聞かせるフリして、男性同士でマウントをとりあってたりするかな。社会に出たら「かっこ悪い」とか「性格が微妙」だとか、そういうことを言われてそうな人たちがここに来る（笑）。「お兄さん、めっちゃかっこいい」「どうしてそんなに歌もうまいの」ってヨシヨシしてあげて。ここでは自分がとてもイケてる人みたいに、何というか……。実際に社会に出たら誰も声をかけないだろうけど、アガシたちがそういうふうによくしてくれるから。──ジソン

遊興店に通う男たちの特徴を見ていると、ヨシヨシってちやほやしてくれるから、大半の人は自分がめっちゃ偉くなったみたいな気持ちになるみたいです。虚勢を張って、俺がお前に車を買ってやるよだとか、なんか買ってやるよだとかみんな口では言うんですよね、ちょっとちやほやしてあげると。「うわ〜お兄さん

力もってるんだね、かっこいい」って。（中略）**イケてるふりするために、来るんですよ。自分の話をするために。ほんとみんな同じです。私も弁護士とか医者の客に会うんですけど、全部同じ。自分の話をするのに忙しいんです。ただ自分がイケてるって思ってる。そいつの周りの人たちはもう知ってるから、新しい人におしゃべりしたいんですよ、あいつらは。**どんだけ自慢したいんでしょうかねえ、あいつら成功してるもんねえ。——ジェミン

ジソンとジェミンは、男性たちが接待のなかで女性従事者に自慢し話を誇張し認められたがる原因として「社会に出たらかっこ悪い、性格が微妙と言われてそうな人」（ジソン）であり、「自身はそのような待遇を受けられない人だから、金を出してでもそのような扱いを受けたがる」（ジェミン）ためだと話す。だがこのような解釈は女性従事者が男性客の生態を理解するためであって、性購買者に対する社会通念を踏襲したものだとみる必要がある。

「ふつうの男たちがこういうところに来て、金を出してアガシと遊ぶのはなんでだろうね？」ってむしろ男たちに質問するんです。そしたら「望んでるのは一つ

しかない。男たちが、大韓民国の男たちがどこ行ってストレス発散するか知ってるか？　あん？　会社行ったら上司の顔色うかがって、家帰ったら妻に、ああ、妻が俺の話をちゃんと聞いてくれるもんか、ぶつぶつ愚痴ばっかり言って、ずっと不満垂らしてるだけ。けどこういうとこに来たら、お前らアガシたちは金稼ぎでやってることだけど、それでも俺らの話、俺らがしてくれっていったことを全部聞いてくれるだろ。俺が話すのに反論しないで、ただ（笑）。妻みたいに愚痴こぼさないいし。『ほんと、お兄さんの話わかる』って全部肯定してくれて、話をちゃんと聞いてくれるから」って、それを一番強調してたんですよね。「とにかくお前らは聞いてくれるじゃない、ここ来たら」――ギュソン

「妻」や社会が聞いてくれない話を、女性従事者が聞いて応え、聞き返してくれるからストレスを発散できるのだと、遊興店を訪れる男性は言い張る。だがこのような論の立て方は、同じ職場でストレスを受けていても、なぜ男だけが遊興店に行くのか、よく話を聞いてくれる人が必要であれば、なぜカウンセラーを探さないのか、反発せずに聞いてくれる人がなぜ男性客を「お兄さん」と呼ばなくてはならないのかを説明できない。自慢を反復する男性客のなかには、社会的権力をもつ人びとも

多い。社会的にもてはやされない人だけが遊興店で虚勢を張るわけではない。男性客は自分が享受する社会的地位や名誉と関係なしに、女性従事者から底なしの肯定と承認を受けようとし、自分は「イケてる男」なのだとアピールする。

その根底には、店の外では認められないために情緒的なねぎらいを受けたがる欲望があるというよりは、金を支払って手に入れられる女性従事者よりも優位にいられる権力関係が、限定的、一時的なものでないことを願う欲求が存在している。店舗の外でも発揮できる力を女性従事者にくり返すことで、男性客は快楽を維持しようとする。男性は女性に金を支払うことで、その場かぎりで自らを「目上」の位置に置くが、この関係性は永続的でない。金で買った「目上」の立場が不安定であるため、男性客は事あるごとに女性従事者に対して自身の強い魅力、権力、地位を女性従事者を通して確認しようとする。一種の男性性アピールだ。

友人同士で来店してテーブルだけの場合（性売買なしに接待だけ受ける場合）は、誰が女をうまく口説くかを互いにアピールしようとします。（友人同士だとふつう二次まで行きます?）二次まで行かなくても、連絡先を交換しますね。一緒に酒飲みに行こうって。誰が誰の番号をゲットして、この前のカラオケのキャストたちがこいつを好きだとか、一緒に酔い覚ましにごはん食べに行ったとか、あいつはうまく口説くなだとか、誰が女の子を何人口説いたか数えたり。（スキル？）うん。もしフラれていたら「私が慰めてあげる」「女は山ほどいるから」って（キャストを）呼んであげることもよくありますね。――ナユン

（お姉さんが（ホストクラブに行く）客のときと、自分が接客するときとで、遊び方って似てますか？　男であれ女であれ？）似てますね。（どうやって遊びます？）見よう見真似って感じですね、客を見て学ぶって感じ？（笑）（どうやって遊ぶ？）まあ習うより慣れよというか。初めて行ったときはビビってたけど。行ってみたら、（お金が）ないのにあるように振る舞う、そういうのってあるじゃないですか。客もそういうところがあって。だからそれを学んで行ったときにやってみる感じですね。酒を飲むのは、ほんと同じように。（どういうふうに飲みます？）爆弾酒[*1]を飲んだりしたんじゃなかったかな。いい洋酒を注文したり。――ミナ

男性客は女性従事者から人気があることをアピールしたり、従事者を「うまく口説く」ことを自慢する。このような自慢や、「車買ってあげるよ」（ジェミン）、「月

*1――瓶ビールと韓国焼酎を混ぜてつくる酒。

の稼ぎは〇〇ウォン」（ジソン）といった虚勢には、女性従事者のやさしさや親切さ、いいリアクションが、単純に自身が支払ったテーブルチャージの対価でないことを願う期待が潜んでいる。ミナはホストクラブに遊びに行き、金がなくても多く持っているフリをしたり、酒をたくさん飲めるフリをして高額の酒をわざわざ注文するなど自分の力を誇示し、権力関係を確認する作業を客から学んだと話す。

（よくされる質問はなんですか？）まず名前を聞いてきて、どこに住んでるのか、昼は何をしてるのか、この仕事で金をどれほど稼いでいるのか、ときどき聞いてくるかな。こういう仕事をたくさんやってきたと話したら、どれだけやってきたのか、オーナーがよくしてくれるか、こういうことも聞いてきますね。やっぱり金をどれくらい稼いでるのか、すごく関心があるみたいですね、客たちは（笑）。オーナーがどれほどピンはねするのか、三万ウォンを支払った場合、そこからいくらピンはねされてどれくらいアガシがもっていくのか、すごく気にしてます。いまはまあ「なんで？　そんなの知ってどうするわけ？」って言いますけど。――ジソンすごい笑えるんだけど、客たちがどんな心理かっていうと、自分が指名したアガシが、これが本業じゃないことを望んでるんです。自分のアガシはどうせだったら大学生で、みたいな。ちょっとなんか抱えてる感じの状況あるじゃないですか。大学生だけど授業料を稼ぎに来たとか、歳をとった両親を食べさせてあげるためだとか……。こういう事情がある女を好みますね。**男たちは自分より惨めな女じゃないとダメ。それでこそ、アガシに金をやるにしろ何するにしろ満足して、征服してる気になるみたいですね。**（中略）**かわいそうに思うみたいです。まあでもとにかく、かわいそうに見られるのはマシですね。**それでこそ一万ウォン札一枚多くくれるし（笑）。（中略）一つの心理ですよ。女の子たちは自分より若くて、かわいいじゃないですか。だから頭も自分より賢くないのがいいんでしょ。**足元を見て、俺が金をあげに来たのにって上下関係をはっきりさせたいんでしょ。俺は金も稼いでて頭もいい。お前は顔はよくても家は買えないし学歴のない子、みたいな。**──ヘス

男性客は女性従事者のプライベートを聞くこともある。ヘスは、男性たちが求める女性従事者のナラティブを並べる。彼らは「惨めな状況」にある「俺よりダメ

な」女性の話を聞きたがる一方で、女性従事者はそのような男性客の欲求を感知し、権力関係を再確認しようとする彼らの試みを「一万ウォン札もう一枚もらう」ことができる機会にすり替える。男性客は「俺は金も稼いでて頭もいい。お前は顔はよくても家は買えないし学歴のない子」として関係を設定し、接待のなかでの限定された権力関係の範囲を遊興店の外にまで拡張させようとする。女性従事者の位置を確認しようとする男性たちの企ては、遊興店で男性たちが享受しようとする快楽が「男性性のアピール」を土台としていることを暗示している。女からすり寄って触ってきてやさしく振る舞ってくれるデートごっこも、自分が女性従事者より優位にいることを証明しようとする企ても、すべて力のある男の姿をして威張ろうとする、男として楽しもうとする欲求に近い。金銭をして構築された一時的な従属関係の脆弱さを、男性客もわかっている。接客のなかで男性客は女性従事者をむやみに貶めるが、このような享楽は金を支払っているときだけ維持することができる。男性客の享楽を維持してあげるために、女性従事者はあらゆる自慢、虚勢、駄々や甘えを含んだ男性性のマウント争いに積極的に応えてあげなくてはならない。そうしてこそ男性は浮かれ、喜ぶのである。

ケアされる「目上」になること

限定された時空間のなかで、男性客は関係構築のための苦労とその関係において守らなくてはならない相手への礼儀や行儀、自らの「遊び」をつくるのに必要なさまざまな労働を、すべて女性従事者に転嫁する。関係を結ぶためのすべての苦労を女性従事者に一任し世話をしてもらい、「目上」「王」になる気分を満喫するのだ。ジソンはインタビューで男性客たちがいかに礼儀がないか、女性従事者を人間として尊重しないのかを一つひとつ話した。たとえば男性客は女性従事者の前でゲップをしたり唾《つば》が飛んだりしても申し訳ないとはまったく思わない。礼儀作法は女性従事者だけに課せられ、男性客は気を遣わない。ナユンもまた、男性客が目の前の女性従事者にまったく配慮せず、まるで存在しない人のように扱われたと吐露した。男性客たちは女性従事者を無視するが、女性従事者は男性が話さない部分にまで神経を注ぎ、ケアしなければならない。その世話を受ける「目上」の立場を、男性客たちは思いのままに楽しむのである。

（すごいマルチプレイヤーですね。）イライラするよね。酒があるかないか確認しないとでしょ、たばこを口にくわえたらライターがあるかないかを確認してあげないとでしょ、氷があるかないかチェックしないと。別にしなくてもいいのに。するんですよね、とにかく。（ちょっとお世話してあげるみたいな）（笑）そんな感じですね。（赤ちゃんのお世話みたい。）うん、だからたばこに火をつけてあげて、氷もいっぱいにして、酒を飲んだらおつまみを口にいれてあげないといけない（笑）。歌おうとしたらマイクを渡してタンバリンを叩いて、歌を知らなかったら一緒に歌ってあげないといけない。泥酔して自分の服がどこにあるのかわからない状態だったら、服を着させてタクシーに乗せてあげないといけない。ああ、いまこうやって話していると、私ほんとキツい仕事をしてるんだなあってなるね（笑）。（全神経をとがらせて。）だからアガシたちはすぐに疲れる。――ヘス

（どうやって会話の糸口を摑むんですか？　初対面の人でしょう。）そうね、それが一番気まずいところで、いまもぎこちないけど、とにかく当たり障りない話をしますね。「お酒たくさん飲んだ？　何食べましたか？」「焼酎」「おつまみは？」「サムギョプサル」「どこで？　ああそうなんだ、サムギョプサル好きなんですね。ああ、そうそう。私も最近食べたんだけど」こういうふうにナチュラルな感じで。（どうやって会話のしかたを身につけたんですか？）知らず知らずのうちに染みついていたん

でしょう、身体に。——ヘス

どんな方法を使ってでも時間をつぶさないといけないから、だいたい身の周りのこと聞くんだけど、やさしい人だったらそれをやっていたら時間が早く過ぎますね。（それ誰がやるんですか？）私がするんです（笑）。「お姉さんがいるんだ？　一人っ子みたいなのに〜。一人っ子かと思った」まあこんな話を。そういう話をたくさんして会話が途切れたら、「お兄さん、乾杯〜。一曲歌っとく？」——ドヨン

男性客が世話される楽しみは、非物質的な感情労働だけで成り立つわけではない。女性従事者のきめ細やかな肉体労働を介することで、「目上」に立つ享楽ができあがる。社会学者のキム・ギョンヒは、対人サービス労働についての研究がこれまで主に非物質的な感情の領域を扱ってきたことに対して、サービスという成果物を「物質的な性格をもつ労働」として考えなくてはならないと指摘する。★10 同様に、テーブルの片付けなど、気配りされていると男性客が感じるような繊細なサービスを提供する女性従事者の肉体労働は、男性客の享楽をつくり維持するために必要不可欠な労働だ。男性客はたばこを吸うときに自ら火を点けたりしないし、グラスに酒

を注いだりしない。服を探して着る必要も、つまみを自分で口に運ぶ必要もない。男性客は関係をつくるためのいかなる努力も試みる理由がない。女性従事者が関係を構築するために動くからだ。女性たちは生まれつき話しかけ会話を持続させるための飛び抜けた才能があるわけではないにもかかわらず、女性たちが「自然に」このようなスキルを身につけていてその巧みな技を発揮するものなのだと遊興産業のなかでは信じられている。

女性従事者は関係構築と感情労働に慣れているから、このような仕事を引き受けているわけではない。接待のなかで一任された関係構築への努力と感情労働的な振る舞いを拒否することができないため（拒否した瞬間に収入を受けとることができなくなるため）、女性従事者として働きつつ、訓練されていくというだけの話である。

（なんでアガシにやさしくされたいんでしょう？　別に友だちでもないのに。）お金をあげても自分たちにそうしてくれる人がいないんでしょう。**友人同士でお金出して**「**なあお前、俺の世話してくれ**」（**こうやって言うのは**）**呆れますよね。だけどそういうふうにできる唯一の場所が遊興店なんだと思います**。他人をちょっと見下せるし。（いま「世話」と表現されましたよね。お世話してあげていると思ってますか？）そうですね、感情的なお世話。（どういったふうに？）なんだろう……。文字通りですよ、とにかく。客のどうでもいい話にも反応して、リアクションしてあげないと。客のグラスの水と氷に温度の差があると水滴がグラスにつくから拭いてあげないといけないし、灰皿も替えてあげないといけない。——ジェミン

（ご機嫌をとるのが最初にすることなんですね。）そう、一人ツンツンしてお高い感じで座っていたら、場に合わないから。サービス業は全部が全部含まれているものじゃないですか。**もっと細かい動きはサービスをしてから、身につけていかないとでしょ**。「あ、はい、お兄さん。あ、はい、そうなんですね」。（って言いながら）すべての話に合わせてあげて。私みたいな礼儀がなってないままで口答えしたり、男性二人が話してるのに途中で割りこんだりするのを嫌がる人たちは多いです。気分がころころ変わる人も多いですね。（客が）気をよくしてるかと思ったらだんだん気分を悪くして、私がちょっと盛り上がって「こうだったの」って言ったら「なあ、お前静かにしろ」って返してくるお客さんもいるし。（そしたら黙ってないといけないんでしょ。）うん、静かに（すねた感じで）黙ってる。「あの、あたしまたしゃべってもいいですか？」（かわいく）そうやって（笑）。——ボリョン

男性たちは遊興店で楽しむために必要なあらゆる労働を女性にアウトソーシングする。[★11] ジェミンはこのような方法のアウトソーシングが、目下の人が奉公するようなものだと理解している。客を「王」（ヘス）や「主人」に仕立てるために女性従事者が「奴隷」（ジェミン）になって「いくつもの願いを叶えてくれる人」（ミナ）の役割を要求される。テーブルの接待で期待される女性従事者の振る舞いは、男性客と従属する女性従事者間の権力関係を明確にするための労働だ。男性は上位者として女性従事者の境界を越えて踏みにじる。この境界線を越えたりつぶしたりすること、女性側が引いた境界線を思いのまま、ほしいままにできるという「錯覚」から、客たちはテーブルチャージと高額の飲酒代を支払う。そしてその錯覚が再現されるサービスの過程が、男性の享楽を構成する。

アウトソーシングは「成果を上げたあと、責任は負わない」、社会現象全般を指摘する際に用いられてきた。上下の力関係が明確な一対一のパートナー関係において、男性客は自身の享楽を形成し持続させるため、すべての苦労を女性従事者にアウトソーシングする。男性客は女性従事者と親密度を高め、互いの境界を越えるために必要な配慮や注意深さをいっさい実践しなくてもかまわない。ボリョンが表現したように、女性従事者がパートナー男性客のもとで「身につけていく」態度や、男性客の気分に合わなかったときにはばかりもなく無視されることや男性客の無礼な態度にも、女性従事者は不快感を表明することはできない。女性従事者は、男性客の快楽を害さないラインで動くことだけが許されている。

接待のなかで女性従事者はその間ずっと、交換物であったり性愛の対象として存在しているわけではない。女性従事者たちは男性客が望む感情を把握して慰め抱擁するなど、その感情に合わせたかたちで反応しなくてはならない。「目上」にいる人の気持ちにさせてあげ、ねぎらい気遣ってあげる関係構築のための労働全般を、「目上」にある男性たちは女性従事者にアウトソーシングする。同意なくスキンシップをしてもかまわない、行動の一つひとつに「ヨシヨシ」をしてあげる、必要な行為を察知してあげる「召使」である。恋愛するように「思いやり」を差し出す女性従事者と、それを提供される男性客の関係において、親密性をかたちづくるための努力は女性従事者の責任として担わされている。

第二章

遊興従事者のアガシ労働

アガシ労働

「アガシ」とは誰なのか

遊興店の女性従事者は、なぜ「アガシ」と呼ばれるのだろうか？　遊興店では二、三〇代女性だけが働いているわけではない。カラオケのキャストとして働く女性のなかには四、五〇代女性も多いが、男性たちは遊興店従事者の実際の年齢をよくわかってはいない。それでも女性たちは実年齢にかかわらず「アガシ」と呼ばれる。接客員、接客婦という用語は口語ではほとんど使われなくなっている。他方で女性労働者たちは、会社のなかで女性が「アガシ」と呼ばれる状況に問題提起をおこなってきた。二〇一七年に国立国語院がおこなった「社会的疎通のための言語実態調査」では、職場の同僚たちが「アガシ」という呼称を使用する際に不快に感じると した回答が八四・五％におよんだ。いったい「アガシ」とは誰を指すのだろうか。職場で「アガシ」と呼ばれれば不快感を覚える一方で、なぜ遊興店ではすべての女性従事者を「アガシ」と呼ぶのだろうか？　この問いに答えることは、遊興店で女性従事者がどのような立場に置かれているのか、どのように行動するように期待されているのかをみることでもある。

中立的に聞こえる「アジョシ」とは違い、「アジュンマ」という言葉に染みこんでいるミソジニー*1のように「アガシ」もまた、若い女性を性愛化し見下げ蔑視してきた韓国社会のミソジニーをまとった用語だ。★1 ジェンダー不平等と年齢がどのように関係を結んでいるのかを研究したチョン・ヒギョンは、韓国社会は「『年齢』を、ジェンダー化された世代区分に沿って配置し、女性と男性の年齢の重ね方を特定の方法でシナリオ化*2」していると説明する。★2 この説にしたがって「アガシ」を解釈するなら、韓国社会で「アガシ」は幼く未熟で、だが「女子学生」や「娘」「淑女」ではない、家族制度の外側にいる逸脱した性的存在である「女性」を指す際に使用されているといえる。「保護される未熟な存在★3」である「アガシ」は、家族制度という性的に統制された領域の外側で、性的嫌がらせと性的侵犯を受けうる「下位」の存在として表象される。

「アガシ」以前には「職業女性」という用語があった。「職業女性」は職業を有する女性を意味する単純な造語ではあるが、性売買女性を指す用語として広く使用さ

*1—おじさんを意味する「アジョシ」とは異なり、おばさんを意味する「アジュンマ」の場合、蔑みのニュアンスが内在している。そのため最近では、「アジュンマ」ではなく「中年女性」と意識的に呼称する傾向がある。

*2—チョン・ヒギョンはシルヴィア・ウォルビーとロバート・コンネルが提唱した「ジェンダー体制gender regime」（特定の時空間のなかでジェンダーが序列・構成される様相を指す）を援用し、年齢に相応した呼び方で女性を呼称する韓国社会を「ジェンダー年齢体制gender age regime」だと指摘する。チョンによれば一九六〇年代から一九七〇年代の朴正煕政権期に、家族制度や労働市場や法制度設計などの政治・社会状況と関わって、女性の呼称それぞれに内在する社会通念が形成されてきたという。

れていた。女性の居場所は家庭に限定されて当然とみなす家父長制社会の外縁で生活する「職業女性」は、「淫乱な女性」と同様の意味だった。職業女性は女性に用意された「正常」な場所である家庭を脱し、家庭の統制の外側にいる女性としていつでも性売買をしうる女性、性的侵犯にあってもおかしくない女性として認識された。これは韓国社会が年齢によって「女性」を異なる単語で呼び意味を付与する「ジェンダー年齢体制」★4から、正常とされる規範の枠外の「幼い」女性を、性的対象としてカテゴリー化してきた歴史でもある。そして家庭外の職場で働く女性たちが多数となったいま、「職業女性」という用語は「アガシ」に代替されるようになった。

遊興産業は女性従事者を「アガシ」と呼ぶことで、男性客との関係において女性従事者が低い位置に置かれることを正当化する。幼く未熟な「アガシ」であるゆえに、男性客はいつでもアガシより上の立場で、アガシを統制する権限をもっていると想像し行動することができる。男性客が期待する年齢層の、特定の身体的イメージを体現する女性が「アガシ」であって、「女性労働者」や「アジュンマ」あるいはただの「女性」ではない。女性学研究者のキム・ジュヒによれば、性購買者たちは「セックスワーカー」の労働あるいはセクシュアリティと貨幣を交換するのではなく、「特定の性的イメージが付与された女性の労働、あるいはすでにスティグマ化されたセクシュアリティの商品性」を買う。[★5] ここでの「特定の性的イメージが付与された女性」「スティグマ化されたセクシュアリティ」とは、性販売女性（あるいは売春婦）のことだ。遊興店でも、この公式が適用されている。男性客たちは女性労働者ではなく「アガシ」に金を支払い、女性従事者がサービスのなかで実践しなくてはならない各種の労働は「アガシ」というポジションでのみ、貨幣と交換される価値のある商品となるのだ。

アガシ労働

第二章で検討したように、男性たちの「享楽」は自然とつくり出されるものではない。男性客がデートごっこをしようと自慢たらしく虚勢を張りケアされるとき、女性従事者はこれに合わせて動く。女性の労働に対するこれまでの議論の核心には、労働に関する言説が公的領域での生産に基盤を置く男性労働者の賃金労働に傾いており、女性の労働を切り捨ててきたという問題意識があった。労働に関わる議論は女性労働者がおこなってきた「私的領域」での労働を隠蔽し、女性の労働を当然視してきた。[★6] マルクス主義的視点からの労働の分析において再生産および私的領域に対する議論が欠落していたという問題意識を前提に、フェミニストたちは女性であれば自然と誰もが自然にできるとみなされてきた「女の仕事」に「労働」という名前をあたえてきた。家事労働、ケア労働、再生産労働、感情労働、親密性の労働、美的労働は、既存の労働概念を批判的に再解釈するなかであらわれた女性の労働に関する代表的な理論だ。[★7]

遊興店の女性従事者の労働は、男性客との一対一のパートナー関係を中心にし、物質・非物質的振る舞いが複合的に要求される。A・R・ホックシールドが『管理される心――感情が商品になるとき』のなかで提起した感情労働の概念は、肉体労働に比して低く評価され非可視化されるサービス産業での感情的表現と振る舞いを分析するのに有用である。パートナー関係である男性客の感情に合わせて自身の感情を調節し他者の感情をつくり出そうとすることを「仕事」として要求され、遊興店のオーナーと男性客が女性従事者の感情的活動に相当な統制権をもつという点で、女性従事者は感情労働者でもある。しかし雇用主の積極的な管理とマニュアルにしたがう感情労働の実践を前提としたホックシールドの概念だけでは、不特定多数の男性客が女性従事者に求めるあらゆる情緒的な振る舞いを説明することはできない。

感情労働と異なり親密性の労働（intimate labor）[★8]は特定のマニュアルなしに、自身を指名したパートナー関係の男性の欲求と期待を瞬時に要領よく把握することを強いられ、パートナーの男性だけでなく部屋全体の雰囲気にまで配慮しなくてはならない女性従事者の振る舞いを説明するのに有効だ。親密性の労働の核心は他者や周囲を事細かに感知し、気を遣う行為（attentiveness）であり、他者の生の質を向上させるために、特定の物質や対象を注意深く管理する行為も該当する。親密性の労働の概念は女性従事者がパートナー関係のなかで、そしてルーム全体の関係性のなかで自身の役割を把握し情緒的な親密感を生み出す行為であるだけでなく、物質的な「ケア」を実践する行為もまた「労働」として意味づけることができる枠組みを提供する。

また、遊興店の女性従事者は自身と他者の感情を生み出し男性客をケアする行為をおこなうべく、特定の身体をもつ女性のイメージに自身を寄せるようにたえず身体を変形させなくてはならない。[★9] 美的労働（aesthetic labor）は、このように企業が女性の身体を資源として活用し、仕事の一環として身体を調整し管理することを指摘する概念で、[★10] 女性従事者のメイクとヘアスタイル、服装からダイエット、整形手術および施術を通した身体の変形を分析するうえで重要な概念として使われている。

私は感情労働や親密性の労働や美的労働といった、女性従事者が実践する、女性ゆえに要求されるジェンダー化された労働を分析するために、遊興店における女性従事者の仕事全般を「アガシ労働」と定義したい。感情労働の概念では、マニュアル化されない物質的な女性従事者の振る舞いを分析することは難しい。親密性の労働は物質的な実践と、その都度変わりゆく相手の期待にしたがう可変的な女性従事者の実践を分析するには適切だが、女性従事者とパートナー関係にある男性客がなぜ、ある年齢層と身体イメージを前提としたときにだけ楽しめるのかを説明するには不十分である。アガシ労働という概念は、男性客の期待に沿うために女性従事者が実践しなければならないあらゆる物質的・非物質的労働の内容が、あまりに包括的かつ流動的であることを明らかにすると同時に、これをおこなうための唯一の条件が「アガシになること」という点を可視化するのに効果的である。

　性売買を分析するとき、女性が遂行する行動を「労働」と呼ぶことはさまざまな論争を引き起こす。これは労働《노동》（work）と賃金労働《임금노동》（labor）を区別しがたい韓国語の特性もあるが、セックスワーク《성노동》（sex work）の概念が性売買を解釈する特定の潮流と結びついたまま韓国に輸入されたためでもある。これまで韓国では性売買産業に従事する女性の主体的な行為性を強調するときや、性売買は合法的な他の労働と差異がないために性売買を合法化し社会で公に認めようという主張をおこなうとき、セ

ックスワークという単語を用いてきた。このような動きに対して、性売買は不平等なジェンダー権力関係が購買者と販売者の間の関係を規定する性差別的な背景を前提としたときにのみ起こる社会的現象であり、性売買の合法化は性売買のなかで発生する暴力と搾取、性差別的な諸要素をなおざりにして社会的に黙認し助長する結果をまねく、という立場をとる人びとは、セックスワークという言葉の使用を最小限にとどめるという戦略をとった。私も同様に、性売買自体が差別的であると考える立場で合法化に反対するものの、本書では女性従事者が男性の享楽をつくり出すべく実践する行動を解釈するために、労働という言葉を積極的に用いていく。

その理由はつぎのようなものである。労働（work）が賃金労働（labor）となるとき、労働する人びとは決して自由ではない。むしろ資本主義社会のあらゆる賃金労働は、生存のために諸個人に強制される圧迫であり暴力だ。セックスワーク、軍事労働、移住労働もこれと同じく、資本主義社会のなかの賃金労働の暴力性が圧縮された「死—政治的労働」であるとみるイ・ジンギョンは、社会的規律の力によって毀損《きそん》され、ある方向に訓練するよう強要されるトラウマ的な労働として賃金労働を説明する。[★11] 社会で正しいとされる生のあり方にしたがわなければ、賃金労働者になることはできない。資本に売るため自身を商品化する労働者になるまでには、諸個人固有の特性を抑えつけ、賃金労働者なら身につけなければならない規範が最優先される。私は賃金労働に関するイ・ジンギョンの分析に同意し、人の一生が商品化されているといっても過言でないほどに生のすべての領域が市場経済にさらされている現実、人間が自らを商品化し「労働力」を売らなくては日常をやりくりすることができない社会に対する問題意識のもとに、「労働」という概念を用いる。

遊興従事者のアガシ労働

全体を把握するアガシになること

客たちに裏で言われるんです。「あいつ生意気」って。「あいつはアフター〔性売買〕できない」、こういう陰口じゃなくて、「あいつ生意気で微妙だわ」って言われたらクビです。ただ仕事ができないだけなら「あの子は店で働き始めてからまだあんまり経ってなくて」ってフォローできるけど、性格が生意気だって言われたらダメなんです。店のイメージが悪くなるから。――ヘス

男性客の享楽を維持するために女性従事者は、「礼儀」があり「目配り」できる女性を演じる。このとき「目配り」というのは、ただやさしく親切に男性客を世話することだけでなく、男性客が女性従事者に何を期待しているのかを瞬時に察知し、

男性に合わせるあらゆる技術を指す表現だ。ボリョンは「完璧な接待」の基準を、「笑いながら」その場を収めることだと定義する。ナユンの場合は、「無難にすべてが終わっていく」ことだという。これらはすべて、割り当てられた時間の最後までいかなる問題も部屋のなかで起こってはいけないという点を強調しているが、完璧な接待とは自身が担当する男性客と「よい最後」を迎えるだけにとどまらない。部屋全体の雰囲気を読みつつ、自分を指名した男性のポジショナリティを把握し、その空間を訪れた男性客「たち」が望む雰囲気がどのようなものかを摑まなくてはならない。そうして初めてつつがなく接待することが可能になる。男性客たちに共通する期待を誰かが具体的に教えてくれるわけではないので、これを把握しようとする女性従事者の「目配り」と「センス」が必要だ。

（接待をひとことで言うなら？）（長い沈黙）無難にすべて終えること、面倒を起こさないことかな？　要領よく理解して把握して、お酒がなくなりそうだったら注いで。ティッシュがなくなりそうなら持ってきて。歌いたそうならマイクを持ってきてあげて、曲を入れてあげる。気まずいなあと思ったら「私が歌おっか」って雰囲気を盛り上げたり。——ナユン部屋のなかのすべての男性客が笑って時間を過ごせるように、女性従事者は「センスと目配り」を「マジで一〇〇％フル稼働させないと」（ジョンス）いけない。男性客（個人）と男性客「たち」（集団）の期待を同時に把握しなければ、その場の雰囲気、すなわち興をさます結果をもたらし、女性従事者は部屋から追い出されることになる。そうなるとテーブルチャージを受けとることができないため、空気を読む要領のよさとセンスは女性従事者の収入と直結する、女性従事者が遂行しなくてはならない労働の重要な要素だ。

そのなかでお金を出す人も把握しないといけないし。（それを把握してどうするんですか？）その人をヨイショしてあげないと。ただふつうにヨイショするんじゃなくて、どういうのをその相手が望んでいるかいち早く把握して、それでいかないと。相手が早く金だけ払ってさっさと酒の席を終えて帰りたがる人なのか、そうじゃないなら何を望んでるのか。――ジョンス

客たちの誰が上司で誰が部下なのか。あるいは、いま誰の気分に合わせようと

してこの人たちはここに来ているのか。上司なのか友だちなのか。もしくは自分たちだけで遊びたいのか。アガシと遊びたがっているのか。酒を飲みに来たのか、歌いに来たのか、触りに来たのか、そういうの？　――ナユン

ジョンスは女性従事者がパートナーである男性客をどのようにケアするのか見当をつける際、担当する客とそうでない客の関係性と部屋の雰囲気を一つ残らず見定めなくてはならないと説明する。女性たちはケアしなくてはならない男性客一人の期待だけではなく、金を支払う人物の欲求を同時に念頭に置きながら全体的な関係のなかで動かなくてはならない。このような「場を読まなくてはならない」という話は、インタビュー参加者たちから共通して聞くことができた。

それも空気を読む。うまく言えないんですけど、勘ですね。表現しづらいですけど。（空気を読むのはストレスじゃないですか？）習慣になっちゃったから（笑）。昔は私の横に座ってるパートナーの男性客だけを気にしてたんだけど、**仕事がちょっとできるようになったら**、**部屋全体を見るようになって**。その子〔他の女性従事者〕がちょっと客と雰囲気がよくないようだったら、「お兄さん、乾杯しよ」って

言って雰囲気を和らげたり、二人が争ってる感じだったら間に入ってあげたり。客がアガシに面倒なことをしてたら「ふざけてるの？　お酒飲んで」って引きはがしたりして。（全体の状況を把握するんだ。そういう女性って他にもいます？）みんなそうです。**仕事がある程度できるってことがそれなら、みんなそうですね。**――ヘス

誰がみても一番年下でお姉さんたちがめっちゃ守ってくれたから、タッチはそんなになかったんだけど。他の事務室と混ざって部屋にいたわけでもなかったし。[*1] たとえば、客が触ろうとしてきたらお姉さんたちが「テンション上げてこ。なんでこんなに場が盛り下がってるわけ？」って言って、BIGBANGの曲を歌いながら「前に出て」って客の腕をとって空いてるスペースに移動して、誰か一人でも座って静かに話そうとしてたら「抜けがけ？」って逃げ道を塞いで（笑）。そうやって教えてくれた。客たちが様子をうかがいながら触ろうとしてきたら、とにかく客をフロアに出させようとする。それを見て私も学んで。具体的にこうするんだよって教えてあげるより、私が実際に立ち上がって前に出ていったら、下の子もそれをよく見て真似るようになるんです。――ナユン

*1――**原注**　互いに面識のない、他の輔導房から来た女性同士が混ざって一つの部屋で働くこともある。

「仕事がちょっとできるようになったら、部屋全体を」見るようになったというヘスは、男性集団の雰囲気を捉え、彼らの集団が円満な関係を構築できるように、潤滑油としての役割を女性従事者に要求する遊興店の接客の様子を言いあらわしている。「雰囲気を和らげて」、「間に入ってあげて」客同士の関係をうまく回すだけでなく、客が他の女性従事者に絡んでいるようだったら適当に回避できる空間をつくってあげる。ナユンは一緒に働いていた女性たちより相対的に年齢が低かった頃、他の女性たちがナユンを守ろうと駆使した方法（「客たちが様子をうかがいながら触ろうとしたときに、とにかく客をフロアに出させようとする」）を覚えており、同様に、部屋にいる他の女性を守るためにそれを用いる。男性間の関係性、男性と他の女性従事者、自分が担当する男性との、担当する男性と他の男性との関係、自身とその他の女性従事者との関係など、部屋が問題なく運営されるように、よい雰囲気のまま切り上げられるように、女性従事者が空気を読まなければならない諸関係は多岐にわたる。

> お姉さんたちをみながら、スキンシップをどこまで受けいれるのか少し観察したりして。年齢が高いお姉さんたちと一緒に接客するときは、**お姉さんたちがや**

ることに合わせるからあんまりそういうことはなかったけど、他の〔輔導房の〕事務室と混ざって接客するときは、ちょっと雰囲気をうかがうことが必要。スタート時にどう動くか、誰が果物を取り皿に移してあげるか。酒を追加で注ぐときは誰がやるのか。カラオケの番号を押すときは誰がやるのか。そういうのは一番年下の子がするんだけど。――ナユン

ほとんどが空気を読む感じです。（誰に対して？）もう全部です。お姉さんたちも全員ライバルだし、全員の視線を読んでると思います。そうしないと、ってなる感じですね。（中略）昼の仕事でも社長でもなければ他人や同僚の空気を読まないといけないいじゃないですか。夜の仕事でも客の空気だけじゃなく、一緒に働いている人たちの雰囲気も読まないといけないんです。――ジェミン

女性従事者は互いを守るために雰囲気を把握し、どこまで性的侵犯を受けいれるのか、どこから拒絶しても大丈夫なのか、自身の行動が部屋のなかで悪目立ちしない範囲はどこまでなのかまで把握する。女性従事者「集団」に割り当てられた仕事、たとえば「誰が取り皿によそってあげるのか」「酒を追加で注ぐときは誰がやるの

か」「カラオケの番号を押すとき誰がやるのか」を決めるために、女性従事者間の上下関係も勘を働かせて把握しなくてはならない。その過程でジェミンは、たとえ部屋を出ていく場合にも、自分の行動が他の女性従事者におよぼす影響を考慮しなくてはならない困難を吐露する。どこまで性的・身体的侵犯を「許容」しなくてはならないのか、その場のなかで女性従事者それぞれがどのような役割をしなくてはならないのか。性売買が約束された部屋であれば「一次」を適当なタイミングで切り上げなくてはならないが、その「適当なタイミング」がいつなのかをつねに考えなければならない。このような状況はいつでも流動的なものだ。いかなることも決められていない接待のなかで、女性従事者は男性客だけでなく他の女性従事者ともたえず相互にコミュニケーションし、意見を共有しなくてはならない。だがこれは客に悟られないために非言語化されたジェスチャーと目配せだけが許され、「〔遊興店の店舗経営者である〕常務だったり専務だったりは無視すればいい」のだが、他の女性従事者たちには仕事のなかで直接的な影響をあたえるため、無視することは簡単ではない。このような文脈のなかで、ジョンスは他の職種と遊興店の接待との違いとして、洞察力と収入の結びつきを挙げる一方、「昼職」であれ「夜職」であれ、他人の空気を読まなくてはならないのは同じだとジェミンは説明する。

目配せとセンス、周囲の関係性を隈《くま》なく把握し気を遣う仕事は、遊興店以外でも女性たちの役割として割り当てられた労働だ。これは女性の労働全般に要求されている。「ジェンダーが世界を動かす」というシンシア・エンローの言葉のように、女性たちは柔軟でやさしい女性性の遂行を通して、家族から企業、国際政治に至るまで女性が属するすべての組織が円滑に運営されるように振る舞う。[★12] 女性の気遣いは、対立を解消する非公式な戦略として組織に活用されてきた。いかなる組織であれ、女性が遂行する多面的な関係での目配せとケアを潤滑油として回っている。このような労働は公的なものと認められず、女性であるがゆえに、そのような配慮とケアの実践は当然なされるものだとみなされている。コミュニケーションをはじめとする関係構築能力が男性に対してはとくに重要視されず、そうした役割は他者である女性に任せるのが適当だとされている。遊興店の女性従事者に要求される目配せとセンス、これを「きちんと」遂行できない場合、雰囲気を壊した主犯として非難される。いかなる収入も得ることができず部屋から追い出される状況は、このような女性全般に課された性役割の延長線上に置かれている。

パートナーを補助するアガシになること

「親密性の労働」の概念を提案したボリス（Eileen Boris）とパレーニャス（Rhacel Salazar Parreñas）は、感情的な親密さだけではなく、至近距離での物理的な接触を含む緊密な労働を、個人の私的領域にまで入り込む「親密性の労働」と名付けた。★13 親密性の労働の核心は、こと細かに他者と周囲を観察し配慮する行為であり、他者の生の質を向上させるために特定の物質や対象を注意深く管理する行為（病院で患者の安全を確認するために器具の設定をきちんとおこない、水の温度を調整することなど）を内包する。男性客集団が「興」じる雰囲気を持続させるために女性従事者が遂行する仕事は、男性客の身の周りを察知し、モノや対象を細部まで管理する物質的な労働を含んでいる。

男二人で事業の話をしていたら「うんうん」「そうなんだー」こういう相づちだけするんですけど。（「うんうん」「そうなんだー」は何を意味しますか？）聞いてはいるけど、自分からは話さないこと（笑）。（けど自分が聞いているのはアピールする？）はい。だから「はぁ〜」って言ってあげたり「ふーん」〔息で反応する〕ってしてあげたり（笑）。——ナユン

（その時間で何をしますか？　接待をするとき。）それは客がどういう目的で来るかによってちょっと変わってきますね。ビジネスの場合、まるで私が経理だとか秘書になったみたいにおとなしく酒と氷と飲み物をグラスに注いであげて、おつまみなんかも用意しておいてあげて、目につくゴミなんかも片付けて、灰皿を差し出してって、客同士がビジネスの話に夢中になってアガシをかまわないときには横でそういったことをしてました。話を聞く必要はないですが耳を傾けつつ、目の前の客が酒を飲むときに不足がないようにする感じ？　――ドヨン

ビジネスを目的に遊興店を訪れる男性客たちは、横に女性従事者を置いて客同士で会話をする。このようなときも、女性従事者はじっとしていてはいけない。話の内容を聞く必要はないが、会話に立ち入って妨げにならないように、とはいえ耳を傾けているという身振りをアピールすることが重要である。女性従事者は男性客に集中しつつ注意を傾け、男性客に気を遣い対応していることをくり返しアピールしなくてはならない。ドヨンはこれを「経理だとか秘書になったみたいに」振る舞うと表現する。リキュール、氷、飲料水を注ぎ、つまみとグラスをセッティングし、ゴミを捨て、たばこを吸いたがれば灰皿を用意し、たばこの火を点けてあげるなど、

「目の前の客が酒を飲むときに不足がないように」する動作を、男性客に見せる必要がある。

座ってまず最初にするのは、まあお決まりのやりとりです。グラスをセッティングしてあげて「どこにお住まいなんですか？」まあそういう話をしつつ、距離を縮めようとしていると時間が過ぎていきますね。時間が経って遊び方が平凡な人たちだったら、酒を飲んで歌って帰りますけど、面倒なやつらだったらただひたすら大騒ぎして。（グラスもセットしてあげて？）はい、氷を入れて飲み物注いであげて、切れてない果物だったら切ってあげて、イカだったりスルメなんかは裂いてあげて（笑）。——ヘス

（チョイスされてテーブルに座ってどういった行為をするのか、具体的に話してください。）

具体的に？　チョイスされてこんな感じで座って、座ったらまず紙おしぼりがあるからこうやってテーブルの上とか拭いて、グラス二つに氷を入れる。それからここにひとつはソフトドリンク、ひとつには酒を注いで。あ、その前に「お兄さん、お水は飲まれますか、ソフトドリンクを飲まれますか？」って聞く（笑）。水

も飲むっていうならグラス三つ用意して。ふふ。それからまた「お兄さん、ロックで飲みますか？」（あ、まずお酒を注ぐんですね。）「私の名前は、○○です」って自己紹介して、酒をこうやって注いであげて「ロックで飲まれますか、そのままで飲まれますか？」って尋ねて、ロックでってなったら、またやってあげて。「どうやってお越しになられたんですか？　ここは初めてですか？」とか、そういうの聞いたりなんかして。――ジョンス

酒も、あー、日本人はちょっと違うのが、韓国人の場合グラスが空いていたらときどき自分で注いで飲んだりするんですが、日本人は絶対それしないですね。〔アガシが〕注いであげたら飲む。グラスが空かないように、ずっと気を遣ってあげて。グラスに氷が入ってるから、水滴がつくじゃないですか。だからアガシたちはテーブルクロスを一枚ずつ手にしていて、水滴をずっと拭いてあげる。くり返し拭いてあげて、氷が溶けたらみた目が悪くなるから捨てて、氷を替えてあげて、めちゃくちゃ気を張ってないといけないんですよ。アイスペールもつねにウエイターたちが行き来しながら（替えてあげて）。氷がちょっとでも溶けたらきれいじゃないから。酒を捨てるために行くこともあるし。アイスペールをすぐに取り

替えて、アガシたちが果物もおつまみもすべて切って、それぞれの皿によそってあげる。私たちはおつまみを絶対食べられないんですよ。なんかそうなってるみたいです。食べたらダメなんです。（それがルールなんですか？）ええ、もし客が一緒に食べようとしたら、そのときには食べてもいいんですけど。最初からアガシたちには取り皿がなくて、客の取り皿だけあるから、アガシたちは当然食べられないんですよ。――ジソン

「果物だったら切ってあげて、イカだったりスルメなんかは裂」く仕事（ヘス）、紙おしぼりを袋から出して手渡すことから始まり、男性客が欲する飲みものと酒をセッティングする仕事（ジョンス）に加えて、ジソンはグラスについた水滴を拭く。ジソンが働いていた日本人駐在員クラブは、女性従事者が果物をむいて切って、男性客の取り皿にそれぞれ取り分けてあげるが、女性従事者はおつまみを食べることはできない。具体的なマニュアルはないが、要領よく周りを見ながら、男性客たちが自身を「目上」の立場に感じられるようにする女性従事者のこのような振る舞いは、遊興店で意味ある労働としてみなされていない。接待のなかで何をしているのかをインタビューに参加した女性たちに質問したとき、彼女たちがテーブルをセッティ

ングして男性客たちにつねに気を配る、といった反復的な労働について当初説明することはなかった。座席でのより具体的な動作、たとえば「グラスを置いて」など一つずつの振る舞いを掘り下げると、ようやく女性たちは自身が何を反復しているのかについて口にするようになった。インタビューを受けた女性たちが、テーブルをきれいに拭き男性客たちに食べさせ、灰皿を準備する、この細かな過程をインタビュー当初言葉にしなかった理由は何だろうか？

話に興味ないのに反応してリアクションしてあげてないとだし、グラスに水滴がついたら拭いてあげて、灰皿も替えてあげないと。（それを拭くのは誰かが教えてくれたんですか？）教えてもらうわけじゃなくて、みんながやってるから、自然と真似するようになるんです。そういうことをやってれば時間が早く経つんですよ（笑）。——ジェミン

私は半々ですね。何だろう、相手が、つまり同じ部屋のアガシがあまりに動かなかったら私がやって。（ああ、全体的に？）ええ。見ていて全然やらなそうだったらやります。もしすごく若い子と一緒に入ることになったら、その子たちはうま

くできないから、慣れてる人たちが率先してやるようになってて。それとは別に、アガシの傾向や性格によってそれぞれ違うので、絶対これをしないといけないとか、そういうのはないです。(雰囲気をみて、適当に誰かがしなくてはならない?)ええ、誰かがするでしょ。そこでちょっと積極的にする人がいて、やりたくなくて避ける人もいるし、全然誰もやりそうにないなと思ったら、私がちょっとしてあげないといけない。積極的に片付けたりよく掃除するのはお姉さんたち。家庭がある人はもう身についちゃってるんですよね。家庭のあるお姉さんたちは体がそういう動きに慣れていて、目についたらとにかく片付けて拭くことが習慣になってる。ゴミを拾って捨てて、拭いて、灰皿を持ってきてきれいにして、そうやってますね。——ギュソン

女性従事者の年齢層が相対的に高いカラオケへの斡旋事務室で働いていたギュソンは、たいていの場合、その場で最も若かった。テーブルをきれいに拭いて整理する他の女性従事者たちは、そうした仕事に「慣れている人たち」で「家庭のある人たち」だ。「習慣」となっており「拾って捨てて、拭いて、灰皿を持ってきてきれいに」する仕事を引き受ける。周りを片付けて他人が必要なものを察知して持って

くるといった、他者が必要なものを満たす仕事は女性に割り当てられ、当然視されているまた別の仕事である。店舗管理者は女性従事者が果物を切り分けることや、テーブルセッティングをきちんとできない可能性を考慮していない。女性従事者は「女性」であるがゆえに、男性に必要なことを満たす労働の内容を自然と理解し、これを遂行できると踏んでいる。ジェミンが話すように、教えてもらうことはなく、お姉さんが横でしているのを見て真似しろ、という指示で十分なのだ。店舗管理者、女性従事者、男性客の三者すべてがこのような認識を共有しており、その結果、女性たちがテーブルで反復しておこなう肉体的な労働は非可視化されることになる。

その非可視性にもかかわらず、パートナーを空気のように補佐する女性従事者の反復的な行為は、男性客の享楽を持続させるのに必須だ。ジェミンは「アガシ」たちが動き続け、働かなくてはならない理由を、何かをしてあげている様子を男性たちに意識させるためなのだと話した。女性従事者たちは男性客に意識させるように、接待のなかでは「男性客のためになんでもしなくてはならない」というプレッシャーを抱えている。パートナーである男性客は自らのために女性従事者があらゆることをすると思い、見境なく要求する。男性客たちは女性従事者に「お前はここに座るためだけに来たのか?」と叱りつける。女性従事者たちは男性客を満足させ、部屋のなかの男性たちを楽しませるために全体の雰囲気を把握し、その場の雰囲気を引き締めたり和らげたりして調整する。それと同時に、パートナーの男性に対しては、可視的な行為を反復的に演じなくてはならない。

目配せとセンスなどの他人への気遣いを前提としたテーブルでの接待で女性従事者たちがくり返し遂行する心理的・肉体的労働全般は、他者の生の質を向上させるためではない。自身を「目下」にし、他者を「目上」の存在にするための労働であって、マニュアルどおりに特定の感情を表現するように強制される感情労働とは異なり、こと細かに要領よく周囲を観察し、モノや対象を調整する親密性の労働の一種だといえる。だが女性従事者に要求されるこのような親密性の労働は、女性全般に課せられた役割として理解されるため非可視化されている。

場を盛り上げるアガシになること

客のなかでアガシみたいに遊ぶ人もいる。（アガシみたいに遊ぶってどういうことですか?）自分たちで勝手に盛り上がること（笑）。タンバリン叩いて、勝手に一人で遊ぶ人たち?（それならアガシたちに共通して要求される役割は、雰囲気を盛り上げてタンバリンを叩くこと?）叩いても叩かなくても、いずれにしても、私から話しかけてリードして、盛り上げないとだから。シーンとさせちゃうわけにはいかないから。（中略）客に興味なくて私が話しかけたくなくても、興味があるようにずっと声をかけ続けて、どうにかして和気あいあいとした雰囲気にしないといけない。おしゃべりしたり歌って。（中略）まあ、客に「なんか、楽しい」って感じてもらえるように。――ギュソン

仕事で来る場合は、上司以外の客はアガシを選ぶチャンスがない場合も多いんです。だからアガシが何をしていてもあまり気にしないっていうか、関心がないっていうのかな。その場に混ざってはいるけど、一対一で具体的に何かを要求するとか、そういうのはとくにないんですよね。〔そういう人でも〕場を盛り上げることに必死だから「お前も一曲歌って場を盛り上げてみな」とは言うかな。――ナユン

「アガシみたいに遊ぶ人」は、「勝手に一人で遊ぶ人」だ。この言葉はつまり、男性客たちは自分たちだけで遊べない、ということを意味している。女性が相手をし

てこそ、男性は楽しめるのだ。「ずっと話しかけつづけて」「和気あいあいとした感じにする」ことで、男性客たちは「なんか、楽しい」と感じる。ビジネス目的の部屋でも「場を盛り上げてみな」といった男性客の要求は普遍的になされる。女性従事者たちは雰囲気を「盛り上げなくては」ならない。興奮し楽しめる部屋の雰囲気をつくるために、男性客たちは女性従事者を呼び、酒を飲む。この事例から、酒と女性なしに自分たちだけで遊ぶのに難渋する、男性たちの関係構築のしかたの断片をうかがい知ることができる。男性客たちは集団で楽しく遊ぶための困難、苦労、労働までを女性にアウトソーシングする。

（気分よく遊ぶっていうのは具体的にどういうことですか？）まあ歌って踊りながら、売上もぐいぐい上げてっていう。ある程度遊んだら疲れるじゃない？　だからトロット[*2]かけてバラード歌いながら（笑）、雰囲気を少しずつ落ち着けていきつつ、瓶の底が見えるまで酒をどんどん飲んでさっさと瓶を空けて、場を終わらせていく感じ。――ジョンス

遊興店管理者もまた女性従事者が歌い、男性客に声をかけ、笑いかけ、気分を高

＊2――日本でいう演歌のようなジャンル。

めて酒を飲み、まさに「狂ったように」遊ぶ雰囲気を望んでいる。その雰囲気に乗じて男性客たちが酒を多く飲み過度に消費すれば、そのぶん店の売上が伸びる。

曲名は覚えてないんですけど、お姉さんたちが二人セットで部屋の中央に躍り出てBIGBANGの曲を毎日のように歌ってました。他の部屋に行っても「赤い夕焼け《붉은노을》」*3だとか、盛り上がる新曲とかをメドレーで歌ったり。（レパートリーがあるんですね。）うん。働いて長いから、誰が何の曲を入れるのか、どのタイミングでどうやって合の手を入れればいいのかわかるし、お互いマイクを渡しあったりして。どの部屋に入っても話題は似たり寄ったりだし。そういう感じだったかな。――ドヨン

店舗の管理者も、男性客も満足させるために、女性従事者は男性客が気分よく過ごせるようにたえずつとめる。盛り上がる曲のメドレーを組み、ダンスを練習する。酒のゲームもおこなう。酒のゲームは「めっちゃキツい」が、苦しむ素振りを見せてはいけない。男性客たちの横で、女性従事者たちは部屋の雰囲気を高揚させる義務があるからだ。部屋が静かだったり全体的に盛り上がっていないと、その空間の

*3――一九八八年にイ・ムンセが発表した曲で、二〇〇八年にBIGBANGがこれのカバー音源を発表したことから世代を超えてカラオケで歌われる曲となった。

女性従事者たちは「仕事ができない」ことになる。

たとえば私の経験ですけど、こういうことをいっぱい言われました。「お前、どっかのお嬢様か？　お姫様か？」。あまりにお高くとまっていて、上品ぶって控えめなフリをしてる、ってことですね。（何をしたら上品ぶって控えめだということになるんですか？）おちゃらけたことを言うわけでもなく、雰囲気を盛り上げるでもかといって酒を飲むのでもたばこを吸うのでもなく、あまりに優等生だってことなんでしょう。スキンシップへの対応がよいわけでもない。てできない、ということ。——ギュソン

遊興店で仕事ができない人は、「お嬢様」や「お姫様」と呼ばれる。雰囲気を盛り上げて他人を楽しませる仕事は、目下の役割だ。接待を受ける人でなく、接待をおこなう男性客も、部屋の雰囲気をつくるようにと一定程度の役割を付与される。集団での性購買を研究したイ・スンジュの分析によれば、遊興店従事者だけでなく男性間の関係においても、相対的に「目下」にいる人たちが「遊び」をつくるように要求される。[★14]遊興店での「楽しさ」は、〔その場にいる全員で〕ともにつくり出す感

情ではない。雰囲気をつくる人とそれを享受する人は分かれており、前者は後者の目下だ。いかなる男性客よりも女性従事者は低い位置に置かれる。男性間で最も「目下」の客は、その男性のパートナーである女性従事者が楽しませる必要がある。

男性たちはすでにジェンダー化された遊興店システムにより、複雑かつ感情的な苦労と労働をしなくてもよい身分を、金で「買う」ことができる。その空間で「男性」でなければ「非男性」として排除されうる危険に、恐れをなすこともある。感情とケア労働の行為者になる危機感。男性文化から排除される危機感。「悪い男」として、男性同士で対等に連帯する行為者になれない危機感。[★15] つまり性的支配の対象である「女性」になる危険をあらかじめ避けるために、男性集団の遊びには、他者としての「アガシ」が必要なのだ。場のファシリテーターであり、すべてを楽しませる責任があたえられた女性従事者の役割は、遊び好きで気が強い「水商売の女」のイメージを形成することにもなる。

女性学研究者のミン・ガヨンは、男性の欲求を受動的に受けいれる「彼女コンセプト」を遂行しなくてはならないオフィステル性売買産業の女性たちの状況と、遊興店の女性従事者の「水商売の女コンセプト」とを対照的に分析する。[★16] これによれば、遊興店の女性たちは積極的で過剰な行動により「限定的な主導権」を握ることで自身を保護する一方で、「彼女コンセプト」を遂行しなくてはならないオフィステルの女性たちは、自己防衛の戦略を駆使することは困難であるという。[*4] 性売買女性たちは仮名を使ったり個人の性格を隠し別の性格をもつ人物として自身を加工したりして、個人情報を保護する。スティグマから自己を守る戦略として「加工されたアイデンティティ（manufactured identity）」を駆使する行為は性売買女性に限定されず、同時代の労働者たちに共通する、身体を資本化していく過程である。[★17]

「加工されたアイデンティティ」とは、サービス業従事者が高所得を得るために、また接客での心理的な被害を最小化するための戦略として、客の欲望に応じるよう身体を変形させたり情緒的な労働を駆使する行為を意味する。感情を変容させる行為を超えて、初めから加工されたアイデンティティを通して購買者と取引をおこなう戦略だ。ティラ・サンダース（Teela Sanders）はセックスワーカーが客との性的なダイナミクスを管理するために、心理的境界としてコンドームを使用したり、セックスワークを冷淡に仕事としてのみ描写したりするなどの方法を用いていると指摘する。これに加えて、客に個人情報を探し出されストーキングをされるかもしれない恐怖から自身を守るために、スティグマや非難を避けるために、本来の性格を隠し新たな性格を演じるなどしてアイデンティティを加工するのだと分析する。このような

＊4──原注「強い女コンセプト」も客を見定めてすることであって、つねに活用できる戦略ではないとへスは指摘する。「ルームの場合は、強い女でいかないといけないか、客を見定めて決めますね。本当に接待を、私からサービスを受けたくて来た人であればサービスをしないといけない。『お兄さん、酒はほどほどになさって』のような丁寧な言葉遣いできちんと話しかけたり、『食事なさいましたか』って言わないといけないような人もいる」。

「加工されたアイデンティティ」は近代的な自我が形成される過程ともいえ、身体が展示物となり、身体が核心的な対象とされるイメージコンサルティング産業や美容産業で働く労働者たちが共通して経験する、身体の資本化であることをサンダースは強調する。

サンダースはまた、この「加工されたアイデンティティ」を女性の搾取や自己疎外ではなく、自我が具現化される過程であり高収入を得るための産業的戦略なのだと論じている。だが女性たちが仮名を使用し、店舗で働く自身をふだんとは異なる人間として演じるため「加工されたアイデンティティ」戦略を駆使するときも、女性の自我は傷つけられる。気が強く遊び好きな女性となり喜んでいるフリをして、男性の「楽しみ」を損なわないようにネガティブな感情を抑圧し、テンション高くポジティブな感情を表現しなくてはならなかったインタビューの参加者たちは、感情を管理する一方で自己疎外を経験していた。ホックシールドによれば、本当の自分(real self)の感覚を失う代わりに、偽りの自己(false self)を受容するようになれば、感情労働者はある種の感情の麻痺をともなうことになる。感情労働者は企業の感情的な規則に適合しない感情を自己抑制することで、いかなる刺激にも感情の生じない受動的な状態に陥るという。★18

男性客と女性従事者の非対称的な関係、遊興店の規律に合わせて感情を「自己」管理・統制することでこそ収益を上げることができる店舗の運営システムは、女性従事者が自身の感情から疎外される結果をまねく。

退勤する瞬間から少しずつ仮面がはがれ落ちていく感じです。働いてるときはめっちゃ大胆なわけです。私は強くて、誰かが私を刺激してきても勝てる、手え出してくんな、ちょっかいかけてきたら殺すぞって。誰かが以前私をハリネズミみたいって言ったことがあるんですけど、自己防衛しようとするハリネズミみたいだって。めっちゃツンケンしててとんがってるんです。だけど退勤して車に乗って帰って、家の近くで降りたときから、ちょっとずつそれがはがれてくんです。それで少しずつ、もともとのしゃべらない私に戻っていって、無表情になって……。ふとしたときに、自分が気の毒になるって言えばいいのかな。働きに出て、明るくエネルギッシュに大きい声で、ふだんは言わない悪口も言ったり。私の魂が出ていって外から私を見たら、なんとしてでも生かそうとするんじゃない（笑）。生きるために、自分を守るために、私がこれ以上傷つくことがないように。そういう姿を見るたびに、私っていったい誰？　働いているときの私って私なのかな？　あけっぴろげでとげとげしい私の姿が本物なのか、混乱するときがあります。いったい私はどんな人間なんだろう？　――ギュソン

ギュソンはいまとなっては巧みに、自身を別の人間のように装う。自身を守るためにいまや板についた、加工されたアイデンティティではあるが、自己防衛するためにそこまで「積極的に」なる自身にプライドがあるとは感じていない。とはいえ男性客が「大胆だ」と感じるレベルいっぱいまではできるという自身の上限を把握はしている。またハリネズミのように針を突き立てる自身を振り返り、本当の私は誰なのか、物静かで平穏を好む私がなぜこのように行動しなければならないのか、と自責の念を吐露する。

〈接待の仕事のなかで一番辛くて難しいと感じるところはなんですか？〉うん。〈沈黙〉うん……。世の中で最も汚くて恥ずかしくていやらしい、最悪な人たちに笑顔で感じよく対応してあげないといけないところ？　私を同等に扱わない人たちに、彼らの人格レベル以上のものをしてあげないといけないこと。感情を抑えて「私はこの時間をすごく楽しんでいて、お酒も好きだし、お兄さんたちと飲むのが楽しい

し」そういう風に……。チョイスされて座っているとき、内心ではすぐにでも出ていきたいけど、それをぐっと我慢しないといけなくて、客がおかしくても耐えないといけない……。——ジソン

私が一番傷つくのは、たとえば、客が私の頭を叩くんですけど、私はそれに口答えできないじゃないですか。「やめて、お兄さん」〔くらいしか言えず〕私はずっと耐えないといけない。あるいは胸に手が伸びてきているのに、私はその人を叩けないじゃないですか？　自己防衛はしてるんですけど、私っていう感じがしないこと。それが人と人の関係とかそういうのじゃなくて、私がまるで飼われている犬のような、私の意見がどこにもないような。そういうときに起こることがほんと大きな傷になる感じがします。その程度のことを聞きいれなかったら、もっとひどく苦しめられることになっただろうから。そうですね、統制権がないこと。——ドヨン

ベトナム・ホーチミンの三つの性産業を利用料金にしたがって分類し、遂行される感情労働のパターンを料金レベル別に比較分析したホアン（Kimberly Kay Hoang）は、

低料金の性売買ではセックスと金がただちに交換され、そのとき性売買女性は抑制型（repressive）感情労働を遂行する一方で、高料金の性売買をおこなう女性には表出型（expressive）感情労働が要求されると分析する。[★19] ジソンとドヨンの話は遊興店の女性従業者に要求される感情労働が、男性客を相手にしながら発生するネガティブな感情を抑制するのみならず、ポジティブな感情だけを表現しなくてはならない複雑な過程であることを示唆している。

接待のなかで女性従事者たちが自己の感情を否定し抑制し隠すことは日常であり、それ自体が労働である。女性たちは自身がおこなうあらゆる行為を、客をだますことだと理解している。客の機嫌に合わせるために自分をだまし、客をだます。すべての言動を客の要求に合わせなければならず、本来の自身の気分や感情を表現することができないため、接待の過程それ自体が偽りのものとなっている。女性従事者が誰にも悟られずに、男性客が「目上」であり、接待を受けているという感覚をたえず客に想起させ、うまくだますことをオーナーも男性客も望んでいる。そのトリックがうまく繕われておらず、本心が外に表出してしまったとき、女性従事者の勘が限界にぶつかったときには男性客の「興」にヒビが入ってしまい、女性は「締め出し」を食らい部屋から追い出され、金を受けとれなくなってしまう。

泥酔させるアガシになること

部屋のなかの興奮を高め盛り上げるために、酒が活用される。遊興店の主たる営業戦略は高額で酒を売ることであり、このとき遊興店にアガシが必要になる。男性客たちがなんの疑いもなく高額の飲酒代を出すように仕向ける装置がアガシなのである。それら飲酒代は、アガシとアガシを通して男性客たちが享受できる快楽として正当化される。実際に、遊興店の収益は男性客たちの飲酒代に全面的に依存している。遊興店で女性従事者を管理・監督するマダム、室長、部長、専務の収入源は、おおむね酒類の販売による収益である。遊興店のオーナーたちは、酒の種類ごとに言い値で付けた金額が自分たちの懐に入りさえすれば、遊興店の管理者たちが酒をどれほど売ろうが関係がない。[*5] 韓国刑事政策研究院がインタビューをおこなった組織暴力団構成員による遊興店運営に関する説明を見ると、「飲酒代」が遊興店の管理者にとって、どれほど重要な収入源になっているかを確認することができる。この研究のインタビュー参加者は、酒類の販売価格を遊興店で恣意的に決定することができ、遊興店に客引きをする遊興店管理者ら〔室長、部長、マダムなど〕が客に販売する酒代は状況によっては〔一瓶あたり〕一〇〇万ウォンになると説明する。店舗のオーナーがとりきめた固定の「入金額」が三〇万ウォンの場合、客引きした店舗管

＊5――原注 「投資者とオーナーはリキュール一瓶あたりの入金額だけに関心がある。たとえばウィンザー〔遊興酒店で最もポピュラーなウイスキー〕の場合、一瓶あたり二、三万ウォンが入金されることになり、一日に一〇〇瓶分の入金があれば相当な金額になる。だから投資者やオーナーは飲酒代だけに注目して他のこ

理者の所得は一〇〇万ウォンから三〇万ウォンをのぞいた七〇万ウォンになる。遊興店管理者たちにとって、酒をさばくのが重要な理由だ。

このような状況であるから、輔導房の出現と性売買特別法制定や債務関係の変化により遊興店オーナーと女性従事者間の従属的な雇用関係が緩くなり、マダムや室長や部長や専務からの管理を受けず輔導房事務室を通して働く形態が多くなって以降も、インタビュー参加者たちは男性客に酒を売ろうとする店舗からのプレッシャーによるストレスを訴える。

〔その、「酒を落とす」*6っていうのをしなかったら店舗から不利益を受けますか?〕〔店舗側の人が〕私たちに面と向かって言ってきますし、〔輔導房の〕室長にもその話をして、そしたら室長が私たちを怒ったんです。〔何て怒りますか?〕「なあ、お前ちょっと酒落とせよ。どこそこの店長がそうしろって言ってただろ」こういうふうに。〔それが女性たちに大きなプレッシャーになります? 実際にストレスになります?〕給料をくれるのはカラオケのオーナーだから。オーナーに嫌われるといいことないから、ずっと気を張ってます。――ジソン

とには興味がない。入金額が二〇万ウォン、三〇万ウォンというふうに設定されているとしたら、最初の客に一五〇万ウォンで売ることもあるし、八〇万ウォンで売ることもあるし、状況に応じてやっている。〔オーナーたちへの入金額と客への実際の販売価格の〕差額が一二〇万ウォンになることもある。七〇万ウォン、八〇万ウォンに設定して酒を売った場合でも入金しなくてはならない額だけオーナーに支払えばよいから、飲酒代の差額は下の人たちで山分けされることになる」韓国刑事政策研究院『組織犯罪団体の違法的地下経済運営実態と政策代案研究(II)』韓国刑事政策研究院、二〇一五年、二二四頁。

*6―**原注** 客に酒を販売する行為を指す遊興店の隠語。

「あの人、ちょっと金持ってるから、きょう売るもんは売っちゃって。酒もちょっと高いやつ、わかってるだろ?」こんな感じで。そういう言葉を聞いたら、当然負担にはなるでしょう。その酒を売らないといけないので。〔オーナーがその程度話しただけでも負担が?〕負担になりますよ。つぎは私を呼んでくれないかもしれないから。――ボリョン

輔導房を通して女性従事者を呼ぶ遊興店の場合、〔店側は〕女性従事者にはいかなる賃金も支給することはない。男性客たちは遊興店管理者に飲酒代と女性のテーブルチャージを別で支払い、女性たちはテーブルチャージの代金だけを受けとるため、店舗管理者が女性従事者に仕事を指示する権限はない。このような構造のなかで店舗管理者たちは接待の場所の提供者に過ぎないが、テーブルに提供される酒を女性従事者がすべて空けなかったら、管理者たちはその点を指摘し業を煮やす。女性従事者たちに遊興店の様子をうかがわせつつ、男性客に大量の酒を売るように仕向ける遊興店の営業戦略は、結果として男性を泥酔させることになる。酒に酔った男性に応対する仕事は店舗を管理する人びとにとっても、最も骨が折れる仕事の一つで、[★20] インタビューの参加者たちもまた、酔いつぶれた男性を相手にする接待にうんざり

していると訴える。

（酒は欠かせないわけですね、飲酒代がオーナーたちの取り分だったら。）酒を飲まない人とは会話がラクじゃないですか。酒を飲んだら、まず会話できなくなるんですよね。本当に人によって酒癖が違いますね。まったく同じことを一時間、ずっと話し続ける人たちもいます。酒を飲まなかったら、ふつう何度も同じ話はしないでしょう。そしたら私も同じ反応をずっとする必要ないし、会話が成り立つんだけど、酒を飲んだらそれがダメになりますね。——ジェミン

酒を飲む人たちは、とにかく平常心じゃないんです。いくら上品な人でも酒を飲めば正常じゃなくなります。人格がちょっと変わるんです、私の経験上。どんなにいい人でも面倒くさくなることもあるし、記憶をなくす人もいて、あとから思い出せもしない言葉をぶつぶつと騒ぎたてながら話すことがあるんですけど、それを「うん、そうだね」って全部受けとめてあげないといけない。ストレスが……。私もおかしいと思っていても相手しないといけないので、そうすると肉体的にも精神的にもキツくて。ふとしたときに、私が受けとる給料では少ないなと

感じるときがあります。本当に疲れた日には、もっともらわないといけないんじゃないかって思います。——ギュソン

正直に言うと、お酒を出す店で働くのは〔他の性売買店舗より〕もっと規模が大きいし最初はマシだと思ったんだけど、やってみたら全部似たり寄ったりな感じ。酒を飲んで穏便な人はほとんどいないってことです。酒を飲もうが飲むまいが、客は自分のやり方でそのまま欲望を振りかざしてこようとするんで。そこで体面を気にしたりする人はあんまりいないと思います。そもそもの性格が控えめでない限り。——ミナ

アイルランドの性売買当事者のレイチェル・モーラン（Rachel Moran）は、性売買女性たちが酒に酔った男性購買者を避けることは当然の原則であって、「常連」で[*7]ない以上はその原則を破ることはないという。[★21]性売買産業だけでなく飲食店を運営する女性従事者たちもまた、自己防衛のために酔っぱらいの客に酒を売らないよう、夜遅くまで営業しない戦略をとる。[★22]だが遊興店の女性たちにそのような自己防衛戦略は不可能だ。遊興店での接待は性購買と結びついた「一次」であり、前哨戦とな

*7——**原注** 性売買の場合、酒に酔った人を相手にすることは、別の問題を引き起こす。たとえばジソンの面接を担当したハードコア（接待と性売買がセットの業種）店管理者が、男性たちは酒を飲むと勃起しなくなるため、ハードコア店舗では男性が酒に酔うケースが少なく「よっぽど苦労が少ない」と話すのを、ジソンは聞いたことがある。

っている。酒を飲み、性を買い、口コミを共有する過程それ自体が男性にとっての遊戯だ。[★23]遊興店は飲酒代による売上を出すため、これを助長する。女性従事者たちが男性客に黙って酒を捨てようが、酒を飲ませようが自身が飲もうがいずれにせよ、なるたけ多くの酒を部屋で消費するようにセッティングする。

店舗管理者による直接的なプレッシャーと暗黙の要求との交差のなかで、酒の瓶を空ける方法は二つある。男性客を酔わせながら一緒に酒をすべて飲むか、男性客に隠れて酒を捨てるか。酒を飲む場合には女性従事者たちは体を壊すことになり、男性客酒を隠れて捨てることは男性客の利益と相反するため争いを起こしかねない。テーブルでいかなる対立も生まず、客の機嫌を逆なでしないようにしなければならない接待という場で、こっそりと酒を捨てる試みは危険だ。酒の瓶を空けることができなければ、オーナーからプレッシャーを受ける。酒を飲めば身体が辛くなり、酒を捨てることはすぐ横にいる男性をだます行為であるから簡単なことではなく、もしバレたら部屋から追い出されたり、テーブルチャージを受けとれなくなってしまう。板挟みの状態だ。

客の大半はわかっていながらも目をつむってくれるものだって、お姉さんたちは言うんですけど。（バレたことありますか？）ええ、めっちゃあります。（バレたらどうなります？）「お前いま酒捨てたのか」「この酒代は払ったらダメだな」って、冗談じゃなくて本気でそう言ってて「おい、ウェイター呼べ」って。「このアガシが酒を捨てたじゃないですか。だから俺、酒代払わないから、マジで」って……。その場がダメになったらアガシ全員がテーブルチャージも受けとれないし、オーナーも酒代受けとれないし大変なことになるから、できるかぎり丸く収めようと……。――ジソン

でも最近、客たちは勘が鋭くなってて、「ペッコミ《빼꼼이》」*8って呼ぶんですよ？　酒を捨てないほうがまだマシ。下手にバレたら、その日の酒代全部終わっちゃう、その時点で。アガシはテーブルチャージも受けとれないし。偉そうなやつ、礼儀がない性格、強めなやつらにひっかかったら。（危険ですね。）そうですね。だから最近は、むしろお姉さんたちがとにかく飲みます。酒を落とす店に行ったら、お姉さんたちが一二時の時点でも、みんなこうなってて（酒に酔った仕草）。――ヘス

女性がおこなうあらゆることを低評価し、女性の仕事が有する危険を些細なもの

*8―**原注** 遊興店の常連たちのなかで、客からの要求を拒否することが難しい女性従事者の位置づけと遊興店における女性従事者に対する保護装置の不在および遊興店の商売（酒を売ること、カラオケの機械を早く回転させることなど）のしくみを把握しており、これを利用して女性従事者を苦しめる人びとのことを指す。たとえば三〇分経過する以前に退場した場合テーブルチャージを受けとれず最低でも五〇分以上の接客時間を満たさなければ約束されたテーブルチャージを受けとれないという遊興店のシステムを利用し、女性従事者が座ってから一〇～三〇分になる頃に不当な要求をしたり、暴力的な振る舞いをおこなう。女性従事者はその行為以前まで長時間耐えてきたため、規定のテーブルチャージを受けとるべく「ペッコミ」客の不当で暴力的な行動に対し最後まで耐えることが多い。

だと考える韓国社会だからだろうか？　酒を飲むことは「仕事」というより「遊び」に近いという考えによるものだろうか？　酒を捨てたり過度に飲まなくてはならない女性従事者の仕事は、簡単でとるに足らないものだとみなされている。だが、女性従事者たちの酒によるストレスは相当に大きい。テーブル接待から性売買までが一つのセットとして扱われ、部屋のなかで「挨拶」（チョイス直後に口で男性性器を勃起させる行為）をしなくてはならない「ポールサロン」を避けることもあるが、反対にポールサロンでは大量の酒を消費させるのが重要ではない点を長所に挙げたり、酒をこっそり捨てることができずに男性客からもらうまま飲んだりするのがあまりに辛くてキス部屋に業種を鞍替えしたりなど、酒を飲むことを避けるためにインタビュー参加者全員が、たとえ二次の性売買が必須であっても酒を飲まなくてよい業種に移動した経験がある。（海外で働いたことのあるインタビュー参加者が）海外での産業型性売買店舗がマシな点として、アガシたちが酒に気を遣う必要がなかった点を挙げることもあった。「酒を落とす」技術、いわば「酒作業」はあまりにリスキーな行為なため、女性たちは男性客に隠れて苦労して酒を捨てる危険を冒すより、ただ酒を飲むことを女性たちは選択することもある。

本当にたくさん飲むんです。けれど私は酒作業? 実際にどうやってやるのかよく知りません。アイスペールに捨てるんだって、吐けって言うんですけど、口に入れたらすぐ喉を過ぎてなくなっちゃう（笑）。すぐなくなるから。飲むしかないんです。（ああ、すごく辛そう。）全部飲む。飲んで注いで飲んで注いで。——ボリョン

お姉さんたちは外見とか年齢以外で魅力をアピールしないといけないから、そうやって仕事を続けていかないといけないから、酒を飲みますね。けどそばで見てるかぎりでも、苦しみながら酒を飲んだあと退勤するお姉さんたちがいますね。酒に酔って吐いて、前後不覚で意識がハッキリしていない状態。とても辛くて、車でうつ伏せにも横になることもできないとき、ほんとキツい、この仕事が。——ギュソン

遊興店と男性客との利害関係のなかで、女性従事者は客を酔わせる一方で、泥酔した客を接客しなくてはならない。男性客たちが会話ができなくなるほどに酔いつぶれて意識がハッキリしていなくても、女性従事者は男性たちにもう飲まないでお

きましょうとはいえない。すでに全員が酔っているから、席を立とうともいえない。遊興店の売上のために、男性客の飲酒を妨げることはできず、どれほど酒を飲むのかを決定する権限は、ただ男性客にだけ委ねられている。

遊興店における危険のアウトソーシング

それは偶然の事故ではない

遊興店の女性従事者たちが「一次」のなかで受ける暴力、ストレス、苦しみは特別におかしな「面倒な」男性客の問題、あるいは女性従事者の不手際によって発生した偶然の事故や事件だと思われやすい。だが女性従事者に起こる危険は、男性客に従属させられる関係性や、遊興店からのプレッシャーによる危険というほうが近い。それにもかかわらず、女性従事者たちが遊興店で直面する危険がたまに起こる事故くらいのものとして認識される理由は、そうすることで遊興店が責任を回避し、その危険を女性の責任へと転嫁することができるためだ。「一次」のなかで女性従事者が受けざるを得ない危険をどのようにして遊興産業は非可視化し、その責任を女性従事者個人に転嫁しているのか具体的に見てみよう。

危険を欺く遊興産業

遊興店が男性客を引き寄せ売上のために酒を売るには、まず女性を募集し、この女性たちを「アガシ」としてストックしておくといったふうに男性客たちが期待する楽しみを確保した状態でなくてはならない。遊興産業が女性たちを募集する際、遊興店で働くなら性的客体であり商品である「アガシ」となり、男性客の性的侵犯を我慢し、自身の存在が貶められる状況を受けいれなければならないと説明することはない。女性を募集するときに遊興店が用いる詐欺とトリックは、当然視されている。口車に乗せることで発生する危険に対する責任は詐欺行為をおこなった人びとではなく、その詐欺行為の被害者に回ってくる。

もし危険な状況になったら、俺らが全部責任とってあげるから、だから心配しなくても大丈夫って言ってくるんです。そうそう。友だちとカラオケに行く感じだと思えばいいって言ってました。(その人が説明してたことは全部事実でしたか?) そんなわけないよね(爆笑)。友だちとカラオケ行って、誰かが胸を触ってきたり、お金を払ったり受けとったりするわけないし全然違うでしょ。二万五〇〇〇ウォンって言ってきたこと自体は事実だけど、それが厳密に言えば時給じゃないじゃないですか。テーブルで接待すれば受けとれるものなのに。時給が二万五〇〇〇ウォンって最初に言ってたから、すごく多くもらえるように感じたんですけど。ああ、あと、家族みたいな雰囲気だと私は思わなかったですね。日給でお金もらえるのは本当でした。一日働いてみてから続けて働くかどうかを決める、というのもまあそうだったし。だけどラクな仕事だって言われたのは、ありえない嘘でしたね。——ジソン

（輔導の室長はこの仕事がどういった仕事だと説明していましたか？）**タンバリン振ってナンパするみたいに遊べばいいんだって。お酒を飲みたければ飲んでもいい**。とにかく遊ぶこと。そんな感じ。ナンパして遊ぶのとまったく同じって。けどナンパではないわけで。アガシたちがどんなナンパをするっていうわけ。そうでしょ？最初に説明してくれたときはそういうふうに話してたと思います。（どんな仕事をするのか、書いてありましたか？）ないですよね。そういう内容がはっきりと書かれているわけないよね。ただ「カラオケのキャスト求人」とだけ書かれてて、これが酒を注がなくちゃならないのか、何をしないといけないのか、全然知らずに行くんですよね。インターネットでひたすら仕事を探してたとき私が見た求人は、適

当にタンバリンを叩けばいいんだって。応募の電話をしたときも「タンバリンだけ適当に叩いてあげれば十分。まあ遊びに来た感じでやってもらえればいいから」って言われて、だから私も「オーケー！　行きます」って答えたんだと思います。——ドヨン

アガシ労働を「簡単に金を稼げる仕事」「遊びながら金を稼げる仕事」といったレトリックで表現するのは、接待のなかでの危険をひた隠し欺く遊興店の決まり文句だ。女性であれば誰でも接客をできるとみなす社会的偏見を利用して、遊興店管理者と輔導房の室長たちは接待の仕事を「遊ぶだけ」の、「友だちと曲を歌いに行く仕事」として案内している。「Qアルバイト」のサイトを見てみよう。★24 同サイトでは「企業と人材を最適な条件でマッチングするネット採用の場」であり「偽りなしの信頼できる情報」を提供すると公言している。遊興店の採用広告の信頼度は長期間その広告が掲載されてきたかどうかで測られるため、各店舗のページには広告掲載期間が表示されている。広告につけられた「いいね」と「きらい」の累積クリック回数も表示される。安心番号サービス＊1を導入し、ベンチャー企業の認証技術関連会社を通して個人情報保護を徹底していると宣伝する。いい加減に運営されてい

＊1——個人の電話番号の代わりに、臨時の仮想電話番号を一定期間発行し付与すること。

る場所ではないという点を強調すべく、事務室の全景写真と「職業情報提供事業申告確認証」など各種書類をホームページに掲載している。

だがこのような諸システムはサイトの表面上の信頼度を高めるだけで、実際の求人内容に対してサイト側が制裁や何らかの措置をおこなうわけではない。サイトを利用する女性たちもサイト運営者やシステムを信頼するがゆえに安心して使用しているのでなく、「自分たちのなかで（女性従事者同士の）コミュニティがあるから」（ヘス）と語るように、サイト内の掲示板を通して匿名で必要な情報を共有するなどネットワークの機能を果たしているため、女性たちはよく利用している。試しに「ソウル特別市東大門区」の地域にしぼって検索してみたところ六店舗分の広告が掲載されており、それらを見てみると、求人広告で伝えようとする情報がいくつかに分類されていることがわかる。★25 バー、その他（検討したサイトでは、輔導房は「その他」に分類される）、カラオケ、ルームサロンなどに分けられているが、それらの遊興店はいずれも求職者たちを「お姉さん」や「お姫様」と呼び、女性たちの都合が最優先で働けることをアピールする。

「誰でも大歓迎」「大韓民国の成人女性、二〇歳から四〇歳のお姫様なら誰でも可能（四〇歳を超えても童顔だと思ったら、迷わず連絡ください）」「超ＶＩＰ級お姫様たち」

「外見不問。ジャージ、スリッパじゃなければオーケー」。「ひと月に一回出勤でも、一週間に七回出勤でも大丈夫」「何時でも気軽に出勤可能」と求人広告を打ち、「一週間に一回、いやひと月に一回、いや一年に一回でも出勤してくだされば感謝」する、給与はすべて当日に支給される、「世界にこんなにラクな仕事があるのと思うほどラクな仕事」で、「気軽に働きたい」「金をたくさん稼ぎたい気持ち」があれば、連絡してという。服装指定もほとんどないかのように説明する。「ワンピース、スカート、スーツなどラクできれいめな服装（スニーカー、ジャージ、ジーパンは禁止）」、「ジャージとスリッパじゃなければオーケー」と記載し、「スカートをはくだけでいい仕事」などとする。給与は統一されておらず、ある店舗は時給で、ある店舗は日給で提示されており、その金額は二〇万ウォンから三八万ウォンまで幅があるが、その給与幅の理由には「数をたくさんつけてあげる（女性が客から指名される確率を高めるという意味）」というコピーが唯一書かれてあるだけだ。「副業」でも「短期」でもかまわないから、とにかく一度だけでも、一日だけでも出勤してとばかりに、遊興店の広告コピーは女性たちに懇願しているように見える。だがこれらの広告の内容は、嘘偽りだ。

私がメリットを感じたのは、交通費支給。けど交通費くれるってのは、ほとんど嘘。一〇万ウォンだって書いてあるけど、実際行ってみたら全部八万ウォン。輔導だから。（全部嘘ですね？）全部嘘〜。若い頃はその広告を見て私も信じて行ったわけ。いまは目についても、「うん、ここは輔導、うん、ここは……」ってそんな感じ？（中略）正直いままで働いてきて、正しい内容が書かれている仕事はただの一回も見たことないです。（もし実際の仕事内容を書くとしたら、どう書かないといけない？）本当のことを書くとしたら、うーん……。交通費を実際に支給するならそのことを書いて、実際にくれるなら面接費のことを書いて。もし私が輔導側だったら、チンデ《찡대》*2を引いて八万ウォン、何時から何時までがとくに忙しくて、でも仕事がなかったらちょっと暇って（笑）。正直に書きますね。けどこの地域で一位、コール数一位、こういうふうに仕事が多いんだとか、そうやって求人する店が本当に多かったと思います。——ドヨン

最初は出勤したいときに出て、おこづかい稼ぎ（というふうに考えればいいって言ってたんですが）、いまとなっては室長の話を信じてません。**どこの街のどこに行っても、室長たちが最初にする話は信じないです**。なぜかって、最初はみんなどう

＊2——**原注**「斡旋料」を意味する遊興産業界隈の隠語。

いうものか知らないのをわかってて、「一人でも多く出勤すればお金になるから」「気軽に考えればいいから」って言うんですよ。「うちの店は働く時間帯を自由に調整できるから」って「まああんまり遅くならないで出てきてくれればいいから」こういうふうに言うんですけど、たとえば私が夜遅く、一一時とかに出勤したとするじゃないですか。それが二、三回続いたら「お前、何で毎日遅くに出勤してくるんだ、金稼がねえのか？」って怒り始めるんです。とにかく一つでも多く仕事を入れれば、それが金になって自分たちに入ってくるから、しつこいくらい、早い時間帯にいっぱい出勤しろって。——ギュソン

求人広告を出す遊興店管理者を含む遊興産業の関係者たちも、求人広告のコピーにでたらめが書かれていることをわかっているが、女性たちを集めるために欺瞞は不可欠だ。嘘であることを理解しつつ、店で起こる問題はないからかまわないという姿勢だ。遊興店管理者や輔導房の室長たちが、女性側の都合を最優先するかのような求人広告を出し、一日でも出勤するように訴える理由は明白である。給与、自由に働けることや酒の強要がないことなど、女性たちに保証するといって求人したことを守らなくても、店側が損をすることはないからだ。ある店舗の求人コピーの

ように「たくさん仕事を振ってあげます。それをお金にするのはお姉さんの役割」という命題が存在する以上、客からの指名がないことや途中で部屋から追い出されたり、酒を隠れて捨てることができずに飲み干さなくてはならない状況は、女性従事者の責任として押しつけられるだけだ。「ラクなワンピースやスーツ、スカート」というが、地域ごとにそれぞれ異なる女性たちの服装の傾向をチェックして、そのスタイルに合わせて目立たないような衣装を探すこともしなくてはならない。

わずかでも遊興店で働いたことがある女性従事者であれば嘘で固めた内容だとただちに見抜くため、女性たちは求人サイトを利用しながらも、その内容にはそれほど注目していない。初めて働く人でなければ、「収入保証」「面倒な客なし」のような求人内容は、店舗や輔導房が確約してくれる領域ではないという事実を理解している。

なぜ途中で店を辞めたかっていうと、客に殴られて。（なぜ？）酒に酔った客に殴られたんだけど、その輔導の室長とか、カラオケのオーナーとか、誰もかばってくれなかったし、その客を捕まえもしなかったんです。客がすぐ目の前にいるのに取り押さえることもなくて。〔私が〕未成年ってことを知ってるから。かばってくれないのはオーナーを守っている名義貸しの社長なんかも、みんな同じです。

――ボリョン

インタビュー参加者たちは、遊興店で働くなかで「輔導房の室長だったりカラオケのオーナーだったり誰も」保護してくれない現実や、「一番金持ってる人がこれ〔一番偉い〕」（ジェミン）ことを、何かにつけ再確認する。輔導房と店舗管理者は客から女性たちを保護しないばかりか、そのような意思がないにもかかわらず求人コピーには白々しく、厄介ごとなしとかブラック客[*3]は管理すると書いてある。それだけでなく、店舗ごとの特徴を宣伝するために書かれた「便宜事項」は、守られない約束で埋められている。「Qアルバイト」の場合、「皆勤褒賞」「整形支援」「海外旅行支援」と記されている広告のいずれにも、これに関する具体的な説明を探し出すことはできない。ある店舗は月曜日から金曜日まで五日間勤務したら、土曜日と日曜日の二日間は「斡旋費」を店舗側が差し引かない特典を「皆勤サービス」と呼ぶ。このような荒唐無稽な広告が乱立した結果、多くの女性たちが遊興店の詐欺行為の被害を受ける。だがこのような欺瞞に満ちた広告により、遊興店は新規の女性たちを安定的に供給できるようになる。

＊3――**原注**　接客が面倒な客を意味する遊興産業の隠語。

店舗管理者たちは遊興店で発生するさまざまな危険に無知なわけではない。酒に酔った客に対応する難しさや性的侵犯が蔓延している現実、女性たちが働くなかで情緒的・身体的困難をともなう状況を誰よりもよく理解している。仕事を曖昧に指示し、危険な事柄に関する説明を店舗管理者ではなく他の女性従事者に任せる理由は、彼らが理解し慣れているそれらの危険を白日のもとにさらさないためだ。遊興店の接待の仕事が辛くてキツい、危ない仕事だと意味づけされることで女性を集めることが難しくなったら、遊興店の売上を確保する唯一の手段である女性の供給に支障をきたすからだ。

（初めてカラオケのキャストとして店に行ったとき、この仕事はこうやるという説明を受けましたか？）説明というよりは「部屋に入って、お前たちがいつも遊ぶ感じで遊べばいい。ああ、ビールはいっぱい飲まなくてもいいから。座って話をし続けて、ただ『一緒に踊ろう』って言って遊んでくれればいいから」。こんな感じの説明で、専門的なことは教えてくれなかったし、「ずっと客が胸を触ってきて、しょっちゅう服の下に手を入れてくるんです」って相談したら、「ああ、それは融通を利かせて、うまく、なっ。（か細い高い声で）『あー、お兄さん、ここはそうやったらダメなんです〜』こうやって言え」って教えてくれる感じ？（室長が？）ええ。そうでなかったら私より年上のお姉さんたちに「代わりに説明をしてやってくれ」って言ったり。――ボリョン

（室長はこの仕事をどういうふうに説明してましたか？）オーナーはスリップ（女性用ワンピース下着）をくれました。「スリップ着て、部屋に入れ」って。私にディテールを説明してくれるわけでもなく、友だちと一緒に行ったんですけど「だいたいあの子がわかってるだろうから。あのお姉さんたちに習え」ってこんなふうに。――ドヨン

ボリョンがカラオケで、ドヨンがハードコア店舗で初めて働いたとき[*4]、遊興店でおこなわなくてはならない仕事の細かな内容を教えてくれるのは、一緒に働くことになる女性従事者たちだった。このように店舗管理者が業務の指示を暗黙的におこない、具体的な仕事内容の説明を他の女性従事者に任せることは、遊興店をはじめ性産業関連の店舗で当然のようになされている。リップカフェ[*5]と呼ばれる店舗で働いていたナユンの経験もまた類似している。

＊4―**原注** ドヨンが働いていたいわば変種のルームサロン・クラブ。ドヨンによれば「挨拶（客が女性を指名したあと、女性が客に対しまず最初にしなくてはならないサービスを指す隠語）」の流れは、つぎのように説明される。ホール衣装を着用し指名されたあと、「スリップ（ランジェリー）」に着替えて部屋に入る。入室後、上部の肌着とスリップを脱ぎ、騒々しい曲調の曲をかける。大きな声で挨拶をしたあと、谷間酒（女性従事者の胸の谷間に酒を流し入れ、こぼれ落ちる酒をグラスで受けてつくる）を用意し、自身のパートナーとなる男性客に提供する。

＊5―**原注** 口で男性を射精させる業種。

（オーナーの説明とお姉さんたちの説明とは内容が違いましたか？）ちょっと露骨ですよね。店の外で話すときは「お客さんたちがこういうふうにしてくれるから」って、オーナーはそれだけ話して（店に）行ったら「お姉さんたちに説明聞いたのか」って聞いてきたあとで、説明してくれました。「客が入ってきたらこうやって部屋を見せてあげて、こうやって敷いて座ってしたらいい」。——ナユン

曖昧な業務情報のなかには、給料の説明も含まれる。一日に「二〇、三〇万ウォン保証」するとしていた輔導房の室長は「これはテーブルチャージじゃなくて、チップを含んだ額でくれるもんだと思えばいい。一日にたくさん稼ぐお姉さんは四〇、五〇持ってくんだと。俺よりよっぽど金稼いでるわ」（ナユン）と、話をすり替えたという。給料の話のすり替えは日常的に起こるため、長い間遊興店で働いていたミナは、他の女性従事者たちにしてあげられる助言として「もし一〇万ウォンくれるって言ったら、実際一〇万ウォンくれる店なのか確認」するよう勧める。遊興店の求人サイトで「客数」を保証すると書いてあっても、客が誰を指名しテーブルチャージを支払うのかといった決定権は、店舗管理者ではなく男性客にある。店舗は女

性従事者の収入を保証しようとする意思も能力もない。

「『いつもコールが多い』『うまく指名される』店だと教えられたのに、実際は全然そうじゃなくって、マジックミラーチョイス[*6]もすごくラクなことのように言われたけど、精神的にも体力的にも、誰かが私をのぞき見してて監視してるって感じてすごく苦しめられ」たというジソンの話や、「知らずに行ったときは、全部ハメられた」というドヨンの言葉は、店舗関係者たちの曖昧な業務の情報伝達と欺瞞が、女性を供給するために初めにだけ駆使されるのではなく、女性従事者を管理するなかでも継続して活用される戦略の一つであることがわかる。よいオーナーの基準とは、「『働いてみたら、スキンシップがあるかもしれない』って言ってくれるオーナー」だというナユンの言葉は、むしろこのような店舗管理者たちの欺瞞がどれほど日常化したものであるかを示唆している。

輔導房の室長たちは女性従事者をだますのと同時に、他方では「親切な」態度を維持したまま責任を回避し、遊興産業に内在する危険を、それぞれの男性客による偶然の過ちとして問題を矮小化する。

私が借金がないからかもしれないけど、それなりにうまくやってたら、どこ行

＊6——原注　女性たちの待機場所に外からのみ室内を見ることができるマジックミラーを設置し、女性従事者たちを男性客たちがひと目で指名できるようにと考案されたチョイスの方式。

っても室長から口うるさく言われたりしないんですよ。「出勤して偉い」って言われる。「なんで我慢できないんだ」とかは言われないんですけど、〔遊興店の〕店長は「お前らがこうやって部屋から出てきちゃったら、客がつぎ来てくれるかわかんないだろ」って、そういうことを言ってきます。〔輔導房の〕室長たちはその〔厄介な客の〕話をしたら「それはだるいな。その店には行くな、行かなくていい」こう言うんです。――ナユン

それでも自分たちの立場からしたら、〔輔導房の〕室長たちがいるから私たちが金を稼げるわけで、「〔室長は〕私たちを助けてくれる人たちだ」っていう認識を植えつけてくるわけです。助けてあげるとは言わないけれど、些細なことで。たとえばテーブルチャージが三万ウォンのときはふつう、五〇〇〇ウォン中抜きして二万五〇〇〇ウォンくれるんだけど、お客が本当に面倒な人だったり、あるいは私がすごくいい接客をして、テーブルの雰囲気をうまく収められたとします。そしたら二万七〇〇〇ウォンくれたりだとか。「お前こういうのもうまいんだな、お疲れ様」ってちょっと気にかけてくれたり。まあ、口はうまいですね、口は。「ああ、お疲れ様。今回は面倒なやつが多かっただろ」って。口はすごくうまいん

です、本当に。話をするときにいつもアガシの側に立って話すんです。「あの面倒くさいやつ、また来たな」って言って、いつもアガシの味方になって「疲れただろ?」って気にかけてくれるんですよ。──ジソン

女性の人数がただちに収益となる輔導房は、いつでも女性たちが自分たちのほうへ来るように、一人でも多く出勤するように仕向けることに血眼になっている。だが、遊興店と輔導房との関係性のなかで輔導房の室長たちが介入できる領域は、かなり限定されている。室長たちは女性従事者を、遊興店や男性客へただ斡旋するだけである。無礼で暴力的な客を直接的に引きはがすことも、その空間へ一緒に入っていくこともできない。そうし得る権限も力量もないため、彼らが女性たちを手のひらで転がすやり方は、女性と一緒になって客の悪口を言ったり、女性従事者を応援するくらいのものだ。その「よい」関係を構築しておきさえすれば、女性従事者たちは自身の輔導房を通して働き続け、また訪ねてくるようになるのだ。輔導房に被害がおよばないかぎり、輔導房の管理者たちは遊興店での女性従事者が耐えなくてはならないさまざまな危険な要素とこれらを構成する諸条件には介入せずに、商品としての女性を管理する。

孤立する女性従事者

女性従事者は遊興店で「味方」が誰もいない現実に直面し、次第に孤立していく。たとえば遊興産業で女性従事者が受ける性加害は接待のみならず、女性従事者と関係する店舗管理者および輔導房の室長がほしいままにおこなう暴力までもが含まれる。

カラオケでの時間がちょっと余ったら、一番下っ端の室長じゃない別の室長二人が私たちがいたカラオケの別部屋を借りて、同じ輔導房事務室の他のアガシたちを呼びだして、初めからあからさまにお金を〔出してきて〕。部屋を丸ごと使うようならテーブルチャージをくれる。でもたいていはテーブルチャージなしで歌って酒を注文して、とにかくむやみに触ってくるんです。――ジソン

室長も、人それぞれです。人柄がみんな違うから。客よりもむしろ室長たちのなかにちょっとセクハラをする変態もいたし。お金をいっぱい稼いでくれるエースの子、そうじゃない子。もし私がお金を稼げない子だったら、あとで触ってく

るんです。——ギュソン

室長は、当時はすごく気を遣ってくれる人なんだなって思ってたんですけど。初めての接客が終わったときにすぐ他の部屋に私を送らないで、他の人たちを先に部屋に入らせるようにしたんです。とくに意地悪な客でもなかったのに、どうだったか教えてほしいって横に座ってきたんです。「意地悪な客のなかにはお前を触ろうとする人がいるだろうけど、ダメだって言えよ」って言ってきて、「男ってのは、触らせてあげたらダメだけど、触らせてあげるようなフリをするもんだ。完全に拒否ったりしないで、気分を悪くさせたらダメだ。触らせてあげるように振る舞わないといけないぞ」って。「男は女のスキンシップに弱いから、お前が先に横に座ったら、すぐに内もものところに手を置け。もし客が胸を触ってきたらどうする」って言いつつ、私の胸を触ってきたんです。——ナユン

遊興産業に関わる男性たちは女性従事者を、性的侵犯がすでに合意された「商品」としてみなしている。店舗管理者たちは女性従事者を保護してやるといいながら、女性従事者は直接的・間接的に、彼らが性加害者へと豹変する姿を目撃する。

「男性」である店舗管理者たちは、いつでも客となり、商品化された女性従事者を侵犯しうる存在だ。これは「男性」である警察も同じことだ。女性従事者たちは、警察を人権侵害や暴力から守ってくれる存在ではなく、取締によって自分たちを処罰したり、あるいは客として訪問しては、他の客と同様に接待を受けようとする存在として認識している。

警察、刑事とかほんと……。（店に来て、警察だってわかりますか？）うん。「お兄さん、何してる人？」「俺は国の仕事してメシを食ってる。」「あ、公務員？」「ああ、警察だよ警察～」「あはは。あ、なに担当？」「俺は強力班（日本の刑事課にあたる）」「あ、本当？　じゃあお兄さんの前ではいい子にしてなきゃ」「だからお前らがダメなことしたら、俺が全員捕まえるから」って。そんなこと言われたら、アガシたちもみんなやたらとビビるじゃない。それがむかつく。何でそいつが店に来るんだっていう。一種だから、[*7]捕まえて連れていかれるわけないのに……。取り締まられるんじゃないかって、客たちも警察が来ると盛り上がりきれないんです。だから警察の客は避けたいんです。どうせだったら、警察に当たらないといいなって、とにかく。——ヘス

*7——**原注** 合法の遊興酒店として登録された遊興店を「一種」と呼ぶ。一種は遊興酒店、二種は団欒酒店、三種はカラオケと呼ばれる。ビール・麦洋酒店（飲酒と性購買が必須。酒を販売するが遊興酒店ではなく、大半は休憩飲食店として登録されている。座布団屋とも呼ばれる）を、三種と呼ぶ場合もある。隠語として使用されている単語であるため、地域・使用者によって指し示す対象にズレがある。とはいえ、いかなる場合であっても遊興酒店は、一種とされる。

自分からバラしてくる人もいる。だから「俺警察だから、オレにはもっとよく接客してくれ」って言ってくることもあるし。（その人は怖くないのかな？）昔はそういうことで問題になることはまずなかったみたいなんだけど、二〇〇〇年代に入ってからは、そいつらも注意深くなって口にはしないようにはしてる。でも偶然バレる人たちもいる。いまでも遊びに来るけどね、バレないように気をつけないといけないのに。まあでも、私が働いているときは、そういうのよくわからなかったかな。——ジョンス

ヘスとジョンスは警察が客として訪れ、自ら警察だとアピールする彼らの姿に、警察も他の客たちと変わらないことを確認する。遊興店は合法、性売買店舗は違法という「黙認—管理体制」★26のなかで、警察は女性従事者たちの犯罪性の有無を恣意的に判断できる自身の権力を誇示し、女性を「アガシ」として蔑視する客であるだけだ。彼らがはばかることなく店を訪れ、自身のポジショニングをアピールするとき、女性たちは警察が象徴する国家に対して期待を寄せる。

だがむしろ、女性従事者たちは遊興店の取締のなかで警察とオーナーの癒着関係

を目の当たりにし、警察が遊興店の擁護者となっている事実を再確認する。二次の性売買が必須とされるポールサロンで「取締に引っかかることも、店長と警察がつくった」流れであることを目撃したヘスにとって、遊興店のオーナーと警察は互いに「ウィンウィン」の関係にある。取締が厳しい日には、担当の室長や常務たちが事前に「きょうは取締がきついから、一日だけ休もう」と連絡することもある。

花代や時間延長の料金はいずれにせよ、私たちがお金をもらうことではあるから「金欲しさに、そいつと性売買したんじゃないのか」って、警察は何回もその筋書きに仕立て上げようとしてきたんです。私は何回も違うって言ったんですよ。いまでもそれを思い出したら怒りがこみ上げてくるんですが。私はいまでもきっぱり言えます。私は花代をもらおうとしたんじゃなくて、時間延長が目的だったって。いずれにしても金が目的なのはそうなんだけど、厳密に言えば違うんです。警察の前を通り過ぎたときの、警察が私にした言動を思い出します。「お前、犯罪者だぞ。何が偉くて騒いでんだ。なんでお前みたいな女がそこで働いてんだ?」って。（警察が?）はい。——ギュソン

（輔導の仕事をしているときに、不当な扱いを受けたらどうしますか？）お姉さんたちにとにかく悩みを聞いてもらいます。実際に私が性暴力を受けたときに、警察署がすぐそばにあったから、行って話をしたんですよ。そしたら、「そうなんだ」ってただそれだけ。（誰が？）そこで相談を受けてくれた方が。（警察が？）ええ、まあなんかあまりに淡々と話をされて。私も輔導が違法なことを知ってるから、あんまり具体的な話をできなかったんです。書類みたいなのがあってそこに書けばいいからって、そういうふうにすごく無味乾燥な話し方をされて。けど書類を書いたら私が輔導やってるのバレるから、「あ、はい」って何もせず出てきました。そのとき、ほんと声が出ました。涙流しながら。誰も私を守ってくれないんだなって、そう思いました。他の子を助けてあげることもできないし。ほんと悲しかったです。——ジソン

オーナーなどの店舗管理者たちにとって、男性客による女性従事者の人権侵害と暴力は「面倒な」出来事だ。ドヨンは「実際にそんな厄介なことが起きたら、私の味方は誰もいな」かったし、「だいたいの人たちは面倒くさがって、私が間違ってるみたいに」とりあったと、吐露する。性犯罪は世間的に認められづらい被害では

あるが、にもかかわらず女性従事者たちがこれを遊興産業の外部へと告発しようとするとき、警察は女性従事者をむしろ「犯罪者」と決めつけ、性暴力の被害者だとは信じない。ギュソンは二次の性売買をした経験がなく、接待の仕事だけをしてきたが、警察はテーブル接待の仕事の延長料金を性売買の代金として解釈し、ギュソンを「犯罪者」呼ばわりし、彼女の訴えを無視した。ジソンは、警察署のすぐ隣に立ち並ぶ遊興店に出入りし働いていた。遊興店の性暴力事件を申告しようとジソンがその警察署を訪れたとき、警察が見せた「無味乾燥」な反応、登録された遊興従事者として働いていたのではなく、輔導房を通して違法に働いていたアガシという立場はジソンの足を引き返させた。

女性従事者はこのような経験をくり返し、遊興産業内部の人だけでなく捜査機関である警察ですらも自身の味方ではないことを痛感する。女性が「接待」をおこなう国は、被害を被害として、暴力を暴力として認めない。遊興店管理者、輔導の室長、男性客だけが、女性従事者に対する性加害と人権侵害が商品として取引されると想定しているわけではない。韓国社会も遊興店を公的に産業として認定し、これらの運営のあり方を放任し、あるいは醸成することで女性従事者たちの暴力被害の経験を無視し、女性たちを孤立させていく。このような現実のなかで、危険に対する女性たちそれぞれの対応策および自己防衛の戦略は「強制された選択」である。

女性の自己防衛戦略と限界

これまでみてきたように、遊興産業の「一次」営業戦略と男性客の「享楽」をつくるための従属的なパートナー関係のなかで、女性従事者は相対的に脆弱な位置に置かれている。店舗管理者と輔導の室長に責任を問うことができない遊興産業全般の雰囲気と法および政策、男性客の不当で暴力的な期待と欲求を「許容」しなくてはならない遊興店の特徴ゆえに、女性従事者が仕事をするにあたっては、それぞれに個別化された自己防衛の戦略が欠かせない。

(一) 遊興産業管理者を目利きすること

女性従事者は男性客との対立状況にあって、自分の側に立ってくれそうな、少なくとも女性従事者の話を聞いてくれそうな遊興店管理者を選別しようとする。私が出会ったインタビュー参加者の大半は店舗や輔導房を移るときに、求人サイトを利用していた。前述したように遊興産業は女性従事者を大量に供給するために詐欺と欺瞞とをためらわないが、女性従事者たちもまた遊興店の求人サイトに書かれた内容を信頼していない。

PRポイント？　その文章は室長たちが書くんです。なるべくやさしそうに見えるやつ、せめて丁寧語を使ってる求人を選びます。（丁寧語で書かれてないものもある？）ええ、応募の電話をして「そちらで働きたいんですが」（って言ったら）「お前、何歳なの」って、こういう人たちもいます。そういうのは私も嫌じゃないですか。直接顔を合わせて挨拶したり、くだけた雰囲気で話した仲でもないのに。だから言葉遣いが丁寧だったり、電話したときに丁寧語で話す人のところに行こうとしますね、だいたいの人は。——ヘス

（求人サイトで探すときに最も優先順位が高いのは？）まず広告で惹かれるのは、こういうキャッチコピー。「パンツルックでも大丈夫です」。あとは電話したときのその人の言葉遣いが重要ですかね。一緒に働くことになる人の言葉遣いや行動とかも重要です。（言葉遣いや行動を見て判断するとき、だいたい当たります？）当たるときもあるし、そうじゃないときもあります。（それでも重要な判断基準？）広告を見て電話したけれど、マナーがなってなかったら、その店はもうアガシを無視する店。客

への接待について話してくるときに、それにかこつけてアガシを触ったりする店ってことです。（自然と身についたんですか？）まあ。アガシに触るような店は、どっちにしろ私の話を信じてくれないです。いつ面倒なことになるかわからないし、金を受けとれない状況になるかもしれないし、初めからよく対応してくれる店なら、そういう状況でも話が通じるんです。——ジェミン

ある女性たちは輔導の室長たちや店舗管理者の「言葉遣い」と「行動」に注目する。彼らが利益を追い求めて客側に立つ可能性が高くとも、不当な状況でも客から金を受けとろうと思うなら、室長やオーナーとの関係を無視することはできない。もちろん、この戦略は虚偽と欺瞞とごまかしが蔓延した構造のなかで、個人の「人格」に期待を寄せる戦略であるため、限界がある。ただこのような戦略を駆使することは、遊興店の求人サイトの広告コピーがすべて嘘であるという事実を認識したあとで可能となる。

（二）「**チョイス**」の時間を活用すること

チョイスは、男性客の権限と女性従事者の立場をはっきりと具現化し、互いに認

識させる象徴的な儀式である。「女性と現金が交換される売買、その瞬間[★27]」であり、遊興店が「女性」を売る行為を公然とおこなう瞬間でもある。女性を外見で指名し、その選択によって女性の収入が決定づけられる「チョイス」は、外見を基準に女性を差別する行為を正当化する意味をもつ、また別の装置であることは明らかである。そうであるものの、ナユンは女性を「アガシ」という商品にパッケージするこの瞬間を、自身を保護するための時間として逆手にとろうとしていた。

　チョイスされるときに、部屋の雰囲気を把握するじゃないですか。あの子は歳がいくつくらいで、部屋の雰囲気があんまりよくなさそうだな、大丈夫そうだなとかもわかってくるんです。だからわざと引きつった顔をして追い出されるべきか、笑わないといけないかを決めることができる。――ナユン

ナユンにとって、チョイスは外見を基準に瞬時におこなわれる競争であり、毎回緊張させられる瞬間であるのと同時に、「部屋の雰囲気の把握」をすることができる時間でもある。チョイスされたあとは、料金を受けとるまでずっと我慢しつづけなくてはならない女性従事者たちにとって、あらかじめ部屋の雰囲気を把握し「引

きつった顔をして追い」出されるかどうか選択できる、わずかばかりの瞬間である。チョイスされた部屋を放棄する選択はなかなかとりづらく、女性従事者が耐えることが多い。

(三) 単純な反復労働に集中すること

誰かが教えてくれるわけではないけど、みんなそうやってます、お互い真似するようになっていくんです。なぜかって、そうやってたら時間が早く過ぎていくんです(笑)。客と話さなくてもいいんです。「あ、お兄さん、ちょっと待って」って水滴を拭いたりしてたら、時間が経っていくんです。私がなんか、やることができるから。(それは戦略でもありますね。) そうですね。だからみんな同じようにしているんですよ。お互い目配せしながら「ああ、あれやってるから時間経つの早く感じるんだな」って。——ジェミン

ジェミンにとって、テーブルの上を拭き、グラスを整理して氷を割る反復的な肉体労働は、男性客を不快にさせずに「話さなくてもいい」もので、特別な感情労働

だったり意識した会話をしなくても、男性客に接待を受けている気分にさせることができる労働だ。このような労働を通して「感情労働」を少しでも回避することができる。女性従事者がしなくてはならない反復的なテーブルでの諸実践は、男性客との直接的な身体的・感情的な接触と交流とを避けながらも「接待」を受けている感覚を生み出してくれる、相対的にラクな仕事として女性たちに解釈されている。このような解釈は、くり返しテーブルの上を整理しグラスを拭きグラスを空けるために神経を注ぐ仕事が実際にラクであるというよりは、男性客が期待する感情労働や彼らによる性的侵犯が、女性従事者たちにとって相当に「キツい仕事」としてみなされていることを意味する。

(四)「部屋」を放棄すること

「最悪な感じだったらすぐ出ていく」、「小銭稼ぎしようとして事故が起きる」といった他の女性たちからのアドバイスや自身の経験から予想される危険を感じとったら、女性従事者たちはすぐにでも部屋を出ていく戦略を駆使することもある。だが部屋を出ていくことは約束されたテーブルチャージを放棄することであり、危険を予知できればこそ可能な方法であって、経済的に余裕がないため店舗に出勤している場合には簡単ではない選択である。結局は、危険の要因を女性従事者に転嫁してしまう論理でもある。女性が部屋を放棄しなかったから危険なことが発生し、あるいは女性が部屋を放棄したから金を稼ぐことができなかったということになる。何をしても、すべて女性のせいになってしまう。

個人で事業をおこなう女性の生存戦略を研究したチュ・ジヒョンは、起こりうる犯罪の被害を予防するために、女性たちは加害者たちが武器として用いる危険があるモノを遠くに置いておいたり、「欲」ばらずに客層を選択し、初めから営業時間を短縮するといった戦略を駆使していると分析する。[★28] 犯罪被害の可能性をわかっていながら、夜遅くまで営業をおこない、あらゆる客を受け入れようとする気持ちを「欲」だと解釈する女性事業主たちの姿は、遊興店の女性従事者たちが客たちの部屋を「放棄」する文脈と類似している。

性暴力が発生しうる可能性が高く、収入に切実な女性従事者や、初めて出勤した女性従事者などの立場が弱い女性たちが主に入室することになる「一対一部屋」（男性客を女性従事者が一人で接待する部屋）を避け、泥酔しないために男性客に隠れて酒を捨て、時間延長に「欲」を出さないなどの、女性従事者が駆使するこのような自己防衛戦略は「強制された選択」であり、社会的に不平等なジェンダー体系によっ

て強制されていることである。★29

(五)女性間のネットワーク

ボリョンがカラオケで、ドヨンがハードコア店舗で働き始めたとき、遊興店でしなくてはならないこと細かな仕事内容を教えてくれる人たちは、一緒に働くことになる女性従事者たちだった。インタビューの参加者たちには、周りの人たちを通じた監視あるいは保護を受けられる可能性への信頼がほとんどなかった。遊興店の室長、マダム、輔導房の室長、オーナーはすべて味方ではなく、やさしいオーナーや室長の基準とは、接待で発生しうる性的侵犯の可能性を具体的に説明してくれる程度である。守ってくれるなどとは期待していない。遊興店の他の関係者であるオーナーやウェイターや室長などは、女性従事者が性的に支配されることを前提とした飲酒代と客のチップに期待し売上を出すため、男性客から女性を守るメリットがない。このような背景から、女性は自らの手で自らを守るしかない。同室の女性従事者たちは、せめて同じ空間にいる女性同士は互いを信頼しうる人間だと考え、互いに監視し守りあう。

（酒を落とすのが見つかったとき、お姉さんたちが気をつかってくれませんでしたか？）けど一回くらいはみんなバレるし、アガシたちが実際にテーブルチャージを受けとれなかったことはなかったと思います。お互い気の毒に思ってるって言えばいいのかな。だからみんな気をつかいあってます。お互いに。──ジソン

ここ〔Qアルバイト〕がなんで人気があるかって、自分たち〔女性〕同士でのコミュニティがあるから、お互い仕事がある、ない、そういう話をします、匿名で。産婦人科の相談したり、整形の話したり。こういうふうに自分が希望する地域を選択して、そこの内容を見るんです。──ヘス

なんか血がつながってる気がしますよね。うん。私は家族がいない環境で育ったので。だから合わない人もいますけど、私が同僚だなって心から思ったら、ごはんは食べたか、仕事は辛くないか、元気でやってるか、体を悪くしてないか、どこで誰のもとで働いてるのか、いつも気にしてます。それって家族じゃないですか。家族と同じように気にかける関係性。その仕事が終わったからといって、切れる関係ではないんです。仕事の大変さや、その苦しみを理解しているから。

けど一般の人たちはそれを知らない。ただ過ぎ去っていくだけの人たちには、わからないんですよ。——ボリョン

なんて言えばいいかな、一緒にいるときに何か一つは教えてあげないといけない感じがあって。「ありがとうございます、お姉さん」って言ってくれたら少しうれしくなるというか。（何か規則があるんですか？）些細なことだと「ああいう服着たら似合うと思うよ」とか、コンドームをきちんと準備したか確認したり、ジェルを絶対使うようにって言ったり、どの曲を入れるか教えてあげたり、客がめざとく触ってこようとするときに、客をフロアに出ていくように促したりすること。それを私も真似したし、客たちが触ろうとするときにどうやってって具体的に教えてあげるより、私が率先して行動してたら、下の子が注意深くそれを見て真似するんです。——ナユン

二次が必要とされるルームサロンではあまり見かけない二〇代前半の年齢で働いていたジェミンを除いたインタビュー参加者たちは、女性たちの間での連帯感を折に触れて話題にした。[*8] 同じ部屋に入室した女性従事者たちは、一つの共同体になる。

*8—原注 ジェミンが働いていたルームサロンは、一次接待後の二次の性売買までが必須の業種だった。モダンバーやカラオケのように一次のみをおこなう店をきっかけに、性産業に足を踏み入れる女性たちが多いため、二次が必須のポールサロンでは二〇代前半のジェミンはかなり年齢が若いほうであったという。ジェミンが所属していたポールサロンでは、常務により構成された「アガシ集団」が「若い」子ばかりであったため、他の女性たちから牽制されることが多かったという。遊興店で働くなかで結ぶ関係性にはむなしさを感じていたと、ジェミンは打ち明けた。

「テーブルが失敗したら」すべての金を受けとることができないためだ。一心同体の利害関係にあるため、女性従事者たちは周りを注意深く見ながら性的侵犯の許容範囲を調節し、またジソンのように誰かが酒を落とす作業をして見つかった場合、「互いを気の毒に思う」気持ちで「お互いに」どうにか切り抜けなくてはならないのであって、それを気にとめることはない。

女性従事者たちは集団化せずに、危険を避けるべくそれぞれが自己防衛の戦略を模索し駆使するが、このような情報はインターネット上で共有される。ヘスが見せてくれた求人サイト「Qアルバイト」が、長年トップの座にあった「女○アルバイト」を差し置いて人気を得た背景には、「Qアルバイト」では女性たちのコミュニティが活発だったという理由がある。「産婦人科」「整形」の情報は遊興店の仕事に必要だが、スティグマと差別的な視線のせいでオープンに会話をすることが難しいそのような話題を、オンライン上のネットワークでは共有できる。

女性たちは各地域の求人と店舗情報、取締の情報などを共有しながら、自身を守るように工夫し、よりマシな環境で働くために職場を移ろうとする。若いうちからさまざまな性産業の業種で働いてきたボリョンにとって、同僚の女性従事者たちは「血がつながった子たち」だ。この連帯の基底には「一般の人たちは」わからない

「大変さ」や「苦しみ」がある。初めて遊興店で働いたとき、先に働いていた年上の女性従事者たちが男性客の性的侵犯から守ってくれた経験があるナユンは、一度かぎり居合わせた他の女性従事者たちに危険に対応する戦略を直接教えてあげることはできなくとも、モデルを示せばそれを自然に身につけてくれるだろうと期待する。女性従事者たちはこのようにバラバラに動きつつも、独自のネットワークを通して自己防衛の戦略を習得し、女性従事者を商品としてのみ扱う遊興産業の世界を生き延びている。

オーナーも味方じゃないって言ったじゃないですか。一種は合法だけど、そこである程度のスキンシップが許されていて、仕事としてこの程度まではやるっていう基準がないんです。パンツのなかに手が伸びてこようが、それに対してルールがまったくないじゃないですか。決まりが一つもないのに、私がすべてコントロールしなきゃいけないわけじゃないですか、その客とのことを。けどいずれにせよ、相手は客だし男だし、私には拒否権がないわけで。拒否しようと出ていこうとしても、オーナーがそれを見逃してくれるわけじゃないし、時間をどうにかしてつぶせばお金になるから、精いっぱい耐えるわけです。みんな、誰かがそうやって働くのを見ながら「私もこれくらいは我慢しないと」って思ってるはず。

――ドヨン

輔導房の室長、遊興店のオーナーなど遊興産業の管理者たちは女性従事者を日常的にだます。遊興店でどのような仕事をすることになるのか、同じ立場の女性従事者以外で正直に教えてくれる人は誰もいない。このように遊興産業が女性従事者に詐欺をはたらく理由は、女性従事者が被害を受けたとしても、自分たちはいかなる責任も負わないためである。遊興産業内部でも女性従事者の味方はおらず、外部も同様である。捜査機関である警察と接触することは、女性従事者たちが「この仕事」をしていくかぎり、ただの一人も味方がいないという孤立感を強めることになる。このような環境では、女性従事者の自己防衛戦略は狭められるほかない。「決まりが一つもないのに、私がすべてコントロール」しなくてはならない。女性たちは直感にしたがい、店舗管理者を選別もするし「チョイス」という限られた瞬間を活用しもするが、選択のために用意された事前情報はかぎられている。過度な感情労働を避けるために単純な反復労働に集中することもあるし、酒を売らないといけないというプレッシャーから「酒作業」をすることもある。性的侵犯から自らを守るために、あえて初めからその日の収入を諦める。信頼に値する他の女性従事者たちとのネットワークを通して情報交換をおこなうものの、部屋のなかで女性たちには結局のところ「拒否権がなく」「金になるから精いっぱい耐える」。その戦略に限度があることは明らかだ。このような限界は、遊興産業だからこそつくり出されるのでなくて、やはり社会的な不平等であるジェンダー体系の限界でもある。

「自由な仕事」への転換

（輔導房の仕事は、出退勤の管理はなかったんですか？）ええ、それがかなりよかったです。欠勤の罰金がないし、遅刻の罰金もなくて、私がただ行きたいときに行けばよかったんですが、それは短所でもあって、プレッシャーがないからお金が必要なときだけ行くようになるんです。（それが短所ですか？）プレッシャーがあれば働き続けて、お金を少しでも稼げるじゃないですか。でも、「お、私きょう三〇万ウォン稼いだわ」ってなると、一週間行かなくなるんです。そしたら常連さんもできないし。とはいえ、私も室長やオーナーたちの顔も覚えられないですけど。

――ボリョン

二〇〇六年からチケットタバンや輔導房、性売買集合地域を経験したボリョンは、欠勤違反金と遅刻違反金がなく「私が行きたいときに行く」輔導房は「かなりよかった」が、他方でそのように「プレッシャーがない」ために、金を稼がなくなるという点を短所と捉えていた。欠勤違反金と遅刻違反金は、遊興店をはじめとする性産業で、女性たちの借金を生み出し、増やし、維持する代表的な装置として機能している。ミナは「欠勤違反金は一日に三〇、四〇」万ウォン、遅刻違反金は一時間に「何万か一〇万ウォン」になるとその金額を記憶していた。このように遊興店が女性の出退勤を管理するために女性従事者に科す不当な罰金システムは、輔導房を中心に働いてきたインタビュー参加者たちの語りには登場しなかった。他方で遊興店から直接に前払金を受けとり、遅刻違反金と欠勤違反金を支払わなくてはならなかったジョンスとミナにとって、遊興店での仕事はまったく「自由な仕事」ではなかった。

ジョンスはアガシのことを店舗で雇用される存在と認識しており、マダムや支配人などの管理者たちが語りによく登場した。ジョンスにとって店舗の仕事は、いくら体が辛くて働けない状態であっても、「毎日出勤しないといけない」「いつもの時間に起きてシャワーして化粧」をしなくてはならない「プレッシャー」がきつかった仕事だ。ミナの場合は、女性従事者はマダムに雇用されており、マダムが客を斡旋し女性を管理していると説明する。マダムとのはっきりした従属関係をベースに、遊興店の仕事がまわると理解している。ミナにとって遊興店の仕事は出退勤管理も厳格なもので、「アガシたちは二日酔いでも出勤する」「家に帰ったら休みをとった」はずで「接客回数は多くない」という考えが当たり前とされている。借金がほとんどなかったとしても、マダムの「贔屓」[*9]を通してマダムからの管理は厳しくなり、要求を拒否することが難しかったとミナは回顧する。

その反面、二〇一〇年以降に遊興店で働いていたインタビュー参加者たちは、遊興店の長所として出退勤の自由を挙げる。

> 遅く終わる日もあるけど、出退勤は自由だから、しんどければ退勤するし。（室長たちが出勤を管理しないんですか？）そういうのはなくて、メッセージを一回送ってくる。「出勤しますか？」って。そしたら返事だけ送ればいいんです。私が夜職をしたいときに出勤できる。もしこれがアルバイトだったら、しんどくても何が何でも出勤しなくちゃいけないじゃない。――ヘス

＊9――**原注**　女性が常勤している店舗で、マダムが自らの客の部屋に特定の女性従事者を引き入れて客から指名されるように促す行為。

会社みたいに、絶対にここに通わないといけないとかはないじゃないですか。働くかどうかは私の自由で、選択だから。それができるから、夜職なんじゃないですか。まず出退勤の自由、勤務日の自由、うん、とにかくそういうのを全部に感じます。働きたいときに働いて、働きたくないときには働かないで、出勤したいときに出勤して、退勤したいときに退勤して。これはだいぶ長所でしょう、夜職の。お金をたくさん稼ぐのは当然オプションで入ってくるものだから。出退勤と勤務日の自由っていうのはかなりいいところですよね。——ジェミン

長所は、いつも界隈の人たちが話しているように、時間が自由なこと。私が時間があるとき、出勤したいときに働ける。会社での生活は決められた日と時間に合わせて行かないといけないですよね。休みたい日は休んで、出たい日は出られる。ある程度自分で選択ができるところ。——ギュソン

輔導房を通して遊興店で働いたことのあるインタビュー参加者の大半と借金がなかった参加者は、遊興店の仕事の長所として、収入よりも「自由」を口にした。こ

のときの「自由」は出退勤と休日を選択できる自由だ。ヘスは店舗の仕事と自身がおこなっていた別の仕事を比較したときに、「望んだときに出勤できること」を店舗の仕事の長所として挙げた。ジェミンにとっても、「私の自由で私の選択だから。それが可能だから夜職」という「自由」は、遊興店の仕事の大きな長所である。ギュソンは「私が休みたい日に休み、出たい日」に出勤するので、「ある程度自分で選択できる」と話す。専属／指定と輔導房とどちらをも経験したヘスもまた、この二つの差異の一つとして出退勤の自由があるかどうかを挙げた。ヘスの場合、「若干出勤のプレッシャーがあ」り、疲れて出勤しなければオーナーから「怒られる」ため、所属の店舗から離れた。遊興店での仕事が「自由な仕事」として解釈される背景には、どこに行っても必要に応じて出勤することができる遊興店の仕事の手軽さと、特定の店舗で仕事をしたくなくなったら辞めて、他の店舗に移動することができる流動性が大きな位置を占めている。

「女〇アルバイト」って検索したら情報が出てくるから、それを見て行ったり、検索結果が地方でほとんど情報が出てこなかったら、新聞を見るかな。（『交差路』[*10]みたいなもの？）ええ。それか「夜〇〇」〔性産業に従事する女性たちのオンラインコミュ

*10——全国各地それぞれの生活情報を掲載する地方情報新聞。

ニティ〕でも聞いてみたことがありますね。――ドヨン

必ず客が汚い地域があります、きたな〜い。本当に……。新林《シルリム》＊11みたいなところは客層が若いです。若い会社員が多い。そういうところはかなり汚く遊ぶ。〔汚く遊ぶってどういう?〕触ってきて性的な発言をする。見たくもないのに、客も服を脱いで遊ぶんです。〔そうなったら働く地域を替える?〕ええ。〔そうやって他のところに移って、大丈夫なところがありましたか?〕あー、大丈夫っていうよりかは、まあ我慢できるかなという感じです。――ジェミン

〔指定と比較したときの、輔導房の長所は何でしょうか?〕うん、いろんな店に出入りするから深く関わることもないし、出勤したいときに出勤して。ベテランのお姉さんたちは客に締め出されるまで店から出てこないこともありますが、私は〔自分が部屋から出たいと思ったら〕出てきちゃいます。――ナユン

その街に合わなかったら、他のちゃんとした日中のアルバイトをして、また状況が悪くなったら、よくない経験をした場所を避けて別の街に行きます。いまは

＊11―ソウル地下鉄二号線／新林線の駅名。弘大や新村といった繁華街に乗り換えなしで行くことができ、比較的不動産価格が低くオフィスが増加しており、若年層居住者が多い街。

「バイト〇」を見ればどの地域の仕事の情報も載ってるから、働く場所を替えて出勤したりしましたね。――ギュソン

女性従事者は「自由に」店舗と地域を行き来する。遊興店で貸与される前払金さえなければ、女性たちはどこの遊興店でも働くことができる。前払金を貸与する遊興店で従属させられ、職場の移動ができなかった過去とは異なり、ナユンは輔導房を転々としながら働くことができた。ギュソンもまた一つの輔導房に所属して働くのではなく、気に入ったさまざまな輔導房を、積極的に移動してきた。女性従事者たちは生活情報誌で職を探していた以前とは違い、オンラインの遊興店求人求職サイトを通して手軽に店舗を探す。くり返し本書で指摘してきたように、遊興店は女性従事者という商品を供給するほど利益を得る。男性客たちが、「チョイス」できる女性が多ければ多いほどよいのだ。店舗管理者と輔導房の室長たちは女性たちが出勤するからといって、固定の出勤日を決める必要も責任もなく、どのような女性であれ、一度出勤すれば売上につながる。さらにスマートフォンの普及により、女性を店舗に所属させなくてもよく、いつでも女性たちを募集し出勤の是非を確認することができる。

通信技術の発達は女性たちをそれぞれの遊興店に従属させなくとも、管理することができる機会を遊興産業全体に提供した。女性従事者たちもまた厳しい店舗や地域に当たったら、新たな「機会」を探して移動できる機会が増えた。女性従事者たちは店舗や輔導房にしばられず、いつでも自由に移動できる、従属させられない立場にあると認識するようになる。いまや遊興店は強制と暴力の空間ではなく、いつでも必要な時間だけ働き、自律的に時間を活用できる空間として、これまでとは異なった理解のされ方をしている。自身が必要なだけ働く「柔軟な」雇用形態は、新自由主義時代における労働の流動化が促す代表的な雇用形式である。さらには、遊興店ではたいていの場合「解雇」がない。男性客による部屋からの締め出しはあっても、遊興店が女性従事者を初めから出勤させないようにすることはない。女性が多いほど男性客たちが店を訪れ、金を使うからだ。

女性を遊興店に従属させるため、店舗管理者たちが駆使してきた戦略である違法な前払金と強制的な監禁と暴力は、性売買特別法制定以降は避けざるを得なくなった。いまでは遊興店管理者たちは「強制」「暴力」の痕跡を見つけがたく、すぐに収入を得ることができ、女性であればできる、「簡単で自由な仕事」として遊興店の仕事を宣伝する。遊興店が仕事を宣伝するために活用するこのようなレトリックは、家族からの経済的支援がなく、また低賃金かつ不安定な雇用によって貧困から抜け出せず広がる経済格差を克服できない、そのような現状を棚上げして安定した未来の計画を立てるといっても、そうはできない現実を切に感じている二〇代の女性従事者たちにとっては魅力的に映る。★30

「時間帯もいつでも自由で、友だちと一緒も歓迎」こういうふうに書いてあって。なんていうか、うまい話をいろいろ聞かされます。もし大学の休み期間中だったら「友だちと一緒にちょっと何日間かやって、旅行代を稼いでいきなよ」こういうフレーズが出てくる。ペイ、お金が二万ウォン、三万ウォンって言いはじめたらそれはもう間違いなくカラオケの輔導房です。――ギュソン

遊興店の従事者たちの間で近頃人気になっていると、ヘスが紹介してくれた遊興店の求人サイト「Qアルバイト」の広告コピーには、どれも「出退勤の自由」「当日支給」「高所得保証」と書かれている。★31ギュソンは、遊興店の求人サイトにアクセスしなくても、「バイト〇国」のような一般的な求人サイトでも輔導房の広告コピーを無理なく見つけ出すことができるという。バーの仕事のように登録されてい

るが「自由に」「勤務時間いつでも」と書かれていたり「時給が二万ウォン、三万ウォン」と高ければ、それは輔導房だ。いまや遊興店側が、遊興店を「自由な職場」として位置づけている。酒を飲む作業、男性客を「目上」にするためのあらゆる労働や、接待のなかで強制される身体性と否定的な感情処理など、女性従事者たちの不自由な諸条件は、「自由な仕事」というレトリックに覆い隠されている。

インタビュー参加者たちは以前、接待のなかでは自分は「奴隷」「召使」「目下」なのだと表現した。それと同時に彼女たちは遊興店の仕事を「自由」だとも言葉にしたが、このときの「自由」は出退勤の「自由」、あるいは遊興産業内部での「移動の自由」を意味する。固定給があればどうかという質問に対して、働いていた時期や業種にかかわらず、インタビュー参加者たちは手を振って否定した。

むしろ微妙だと思います。（なぜ？）固定給がひと月に三〇〇万ウォンなのに、私が三〇〇万ウォンに見合う仕事をできなかったら、すごく、うん。（気持ちが？）うん、オーナーがやたらとついてくるんじゃないかと思って。（仕事は自由ですか？）いましてるの？　そうですね。月給がなくて固定給がないから。固定給がある場所にいたこともあるんです。けどそこは、会社みたいに出勤しないといけ

なかったから。それよりも私は、働いただけ給料もらうほうがマシ。――ヘス

固定給で支給された経験があるジョンスもまた、同じように話した。ジョンスは酒も飲み性売買もおこなう店で固定給を受けとって働いたが、そのとき「基本給という名目のもとで金を搾取される」状況が「もっと地獄」だったと記憶していた。いかなる契約書もなく、店舗以外の収入がない環境でも店舗での酒作業の圧迫を受けることや、店舗管理者と輔導房の室長が自身の味方ではなく、金を支払う客の側にいる事実を目の当たりにしたインタビュー参加者たちにとっては、店舗から課されるわずかな従属的な要素でも避けようとする姿勢が生まれた。

いわば、出退勤の「自由」は遊興店で働く女性にとって許された唯一の、制限された自由だ。だが店舗に従属させられ、常識からかけ離れた欠勤・遅刻違反金を我慢しなくてはならなかった過去と比較したとき、出退勤の「自由」は女性従事者たちにとって諦められない自由として意味づけられる。この「自由」が遊興店の広告コピーとなり、接待のなかで発生する危険に対する責任を女性従事者にアウトソーシングする一助となっているなら、これは「自由」という名の希望で覆い隠された「構造的暴力」に過ぎない。[★32]

法的介入の困難

法はオルタナティブではないが、重要だ。遊興産業で発生する性暴力の現状を解決するための方策として「法的解決」、つまり法制度の変化について考えないわけにはいかない。バーニングサン事件は、同店で起こった数々の事件の違法性や罪名が話題の中心となってきた。n番部屋事件への問題提起もまた、n番部屋の入室者と運営者を正当なかたちで処罰するための「n番部屋防止法」を中心に議論がなされてきた。女性に対する暴力への公的な処罰の根拠となる法律が未整備の状態であり、被害が事実なのか疑いの目を向けられる社会的な雰囲気のなかで、法の改正は何よりも重要なものとしてとり上げられる。裁判で無罪ならば罪ではなく、有罪であれば罪であるといった社会の倫理が、法的判断を中心に構成されているという傾向を無視することはできない。

遊興産業の日常化された暴力を正当化する社会に警鐘を鳴らすような法的介入には、どのようなものがあるだろうか？　遊興事業者という職種を規定している食品衛生法施行令を削除あるいは修正したらどうだろうか？　遊興従事者の条項の削除は、性差別的な現行の法条項を、韓国社会が問題であると公的に認めるという面では意味がある試みかもしれない。だが、男性たちが依然として女性従事者のアガシ労働に期待し、彼女らの存在を前提として高額の飲酒代を支払うなら、遊興店の関係者たちは法条項の有無にかかわらず、女性を通した「接待」を商品化し、維持し拡張させていくことだろう。アリーナやバーニングサンといった江南のクラブのように女性従事者を雇用せずに、女性と男性客を別の目的で管理し、女性を侵犯可能な立場に陥れ、収益を生み出す可能性を看過することはできない。

　遊興産業は資本主義社会のサイクルに徹底してしたがう産業である。女性の商品化が当然視されている韓国社会で、それにより儲けることができる経済的利益が被害による不利益より多く、この状況に対する処罰や規制や損害がないために遊興産業が維持されているという事実をおぼえておこう。国家がいままで観光産業および税収入などの側面において利益を生み出す場所として遊興店を管理してきた歴史を反芻してみれば、政府は遊興従事者の制度を廃止するよりも、むしろ商品化の範囲を公的な方法で拡大し、遊興従事者を「婦女子」から「〜である者」に書き換える可能性がある。そのような場合も、遊興店はいままでおこなってきたように、女性従事者によって利益を生み出すだろう。企業もまた、接待を通した「ビジネス」が当たり前となった韓国社会の文化のなかで、税金の免除項目とされている「接待費」を使わない理由はない。そのため「婦女子」を「〜である者」に書き換えると

＊12――前段落の内容も含めて、第一章の原注50を参照のこと。ここで著者は、遊興店の運営を規定する「食品衛生法施行令」（プロローグ冒頭の引用）条文における、性差別的表現（遊興店で働く人びとを「婦女子」に限定していること）について言及している。

　国家側が法条項内の用語を「〜である者」、つまり性別を不問にする普遍的な表現に書き換え、文面では性差別が解消したかのような欺瞞的振る舞いをしたところで、実際の産業構造はこれまでの接待文化によって支えられ変化しないどころ

いうプランは代案になり得ない。[*12]

　また女性従事者の、労働者としての権利を守ろうとする提案も議論の余地がある。法的な勤労者としての立場を得ることが難しい現行法の限界とは別に、女性従事者も「労働者」として法で保障するように主張することもまた、議論されるべき点であろう。遊興従事者の労働の権利を強調することは、遊興店の夜間労働に対する規則、勤務時間と休憩時間の配分に対する要求、また客と雇用者からのわいせつ行為や性的な嫌がらせを、職場のなかのセクシュアル・ハラスメントの問題として捉えることができる可能性を生み出す。[★33]だが雇用者と勤労者が一対一で対応する従属関係を前提とした韓国の法体系上では、労働者の権利の範囲はきわめて狭められており、スマートフォンアプリを介したプラットフォーム労働[*13]をはじめ、さまざまな対面関係のなかで発生するサービス労働現場の実態を反映することはできない。[*14]また最近台頭してきたサービス労働における感情労働者保護法（産業安全保険法　第四一条[*15]）は会社の責任を強化するよう強調している。だが、遊興店の接待のなかでの従属性はオーナーではなく、男性客との関係のなかで明確にあらわれるものである。決まった雇用主がおらず、使用者である男性客との権力関係が労働環境および収益を左右するという特殊さを考慮すれば、これを採用するのは現状に比して物足りないの

か、むしろ拡大していくだろうと著者は解釈している。

*13——オンライン上で、スマートフォンアプリなどを通して配達サービスなどの労務の取引をおこない、個人がフリーランスで働く労働を指す。

*14——**原注**　遊興従事者の労働全般の枠組みは業種により区分されているが、前述したように部屋のなかで直接的に業務を指揮するのは客の役割となっている。勤務場所および勤務時間は、輔導房・店舗オーナー・客といった複合的な要素により規定される。

*15——二〇一八年一〇月に施行された。顧客から暴言を受けた際に業務を中断し一時的に退避できる権利や、被害以降に事業主に保護を要請することができる権利など感情労働を伴う労働者を守る内容が含まれている。

である。

遊興店の問題に労働の観点からアプローチするうえで最も大きな障壁は、アガシ労働の特殊さである。遊興店で男性客が買おうとする商品の領域は、その他のサービス労働の職業群と比較することができない領域を含む。遊興店の接待労働は、既製の商品を売るために必要となる丁寧さや、ケアのような特定のサービスを提供するものではない。アガシ労働は、男性客を「目上」にかたちづくる「目下」としてのあらゆる行為によって構成されている。男性客たちは女性従事者に対する人権侵害と侮辱、および物理的な侵犯と移動の不自由を含む統制権を買うことができると期待し、それが可能とされるからこそ金を支払う。その内容に変化を加えなければ、女性従事者が「労働者性」を得たとしても、男性客と女性従事者の間の上下関係が変容することはないだろう。

法的処罰を通した変化はどうだろうか？　法の条項の有無や合法／違法とに関係なく、遊興産業全体に対する積極的な規制が同時に進められなければ、捜査機関のさじ加減ひとつで処罰の可否が決定される現行の性売買産業と同様の限界にぶつかることとなる。検察内部で起きた性接待事件に対する捜査結果が明らかにされながらも、検事が「金銭を受け渡しし、ホテルまで同行したからといって、性売買として起訴されるわけではない」と釈明するのがいまの現実である。[★34] 遊興店によって物質的な利益を得る管理者たち、目上になる感覚を「買う」男性客のように各々が利益を得る遊興産業の共謀者たちにとって、女性従事者の接待を通して得る利益より不利益が大きくならないかぎり、このような状況に変化は起きないだろう。たとえば企業の接待費の損金算入に遊興店での接待費を含めないことであったり、警察や検事を対象とする遊興店の接待は性売買の有無にかかわらず賄賂《わいろ》として厳しい処罰をおこなう方法を検討するのが妥当であろう。

　このように法的介入の困難をあえて指摘した理由は、法を中心にしてオルタナティブを想像する方法は、問題の根底を揺さぶることができず枝葉のみを切る結果をまねいてしまうかもしれないためだ。変わらなくてはならない本質、根っこにあるのは、従属的な（ジェンダー）権力関係と、これを合理化する経済論理である。この二つを揺さぶらなくては、解決策はないのである。

エピローグ　答えを探す旅路のなかで

本書は「遊興」と称されてきたジェンダー化された楽しみが、どのような背景により可能なものとされてきたのか、その答えを探す過程で書かれたものだ。

私の友人たちは、さまざまな職業に従事している。それぞれ働く分野も異なるし、所属する組織もその体系も一緒ではないが、顧客や上司による性暴力を同じように経験してきた。とくに新卒や相対的に低いポジションにいるとき、性暴力被害が頻繁に起きる。ぞんざいに扱ってもかまわない女性と、守られるべき女性とを、明確に区分する線など存在しない。その線は恣意的に引かれるが、相手が自分よりよほど大きな力をもっている人であるかどうかを見極めたうえで、加害を積極的におこなうか、より慎重になるか、その程度の基準のように思われる。他者を通して男になる。生まれながらにして男であるわけではない。他者（女性）を蔑視して嫌悪し、一段低く見下し、意のままにできる弱い他者として扱うことを通して、これにともなう統制権を執る力をもつ者である男として誕生する。男性化する空間は特別な場所で個別に存在しているというわけではなく、平凡な日常のあちこちで形成される。バーニングサンとn番部屋、ポッパン、グループチャット、遊興店などは、数えきれない男たちの数多ある部屋のなかの一部に過ぎない。

女性に対する暴力は家父長制社会をまわす核心にある原理であるため、きわめて普遍的なものとされている。一方でその暴力が日常化され、ぼやかされてしまうさまざまな戦略やシステムは、具体的な特徴をもっている。客／上司／男性に従属させられ、相手の神経を逆なですることなく従順に統制権をおとなしく渡さなければならない状況、朗らかな雰囲気をつくるべく自ずと情緒的な役割を要求される状況、望まない性的侵犯を受け苦痛を感じる瞬間が頻繁に起こる状況がありながら、これらを冗談として受け流し乗り越えよというプレッシャーは、韓国社会で女性として生きてきた人びとにとって、それほど見慣れないことではないだろう。とくに特定の権力関係のなかで誰かを接待しケアしなくてはならない職業に就いていた人びとや、対面での接客業などの女性サービス労働者たちにとって、遊興店の女性従事者の経験は重なるところが多々あるだろうと思われる。

それでも私が遊興店を特別視する理由は、とくにこの空間では女性に対する暴力が「仕事」として当然視されているためだ。私は遊興店の女性従事者の経験を咀嚼《そしゃく》しようとするたびに、性的嫌がらせ、わいせつ行為、性暴力が無化されるこの空間の特殊さについて頭を悩ませた。性売買という社会的現象は、女性に対する処罰感情や嫌悪との延長線上にありながら、特別な性質を帯びている。男と女とを区別し、女を従属させる力をもつときに本物の男になるという認識のもとで、性売買が芽を吹く。女性を性的な対象として思いどおりにしてもかまわない雰囲気と構造のなかで、あからさまに女性を蔑視し、自身のほしいままに性加害をおこなう。遊興産業をはじめとする性売買産業は、女性を蔑視し嫌悪する行為が、金を支払う理由として当たり前のこととされている特殊な空間であって、そのような場所がごくありふれた日常となっているのが韓国社会である。

「だったら、代案は何ですか?」「どうしたら変えられますか?」講義のなかで遊興店をはじめとする性売買産業の現実を話すと、最後には必ず解決策についての質問が飛んでくる。私もまた現場に介入する活動家の一人として、適切な代案を提示したうえでそれを推し進め、先導しなくてはならないようなプレッシャーを感じている。どうしたら日常化した暴力を追放することができるだろうか? 女性を蔑視し嫌悪する男性たちの快楽が、いったいどうしたら変わりうるだろうか? 声を上げればできないことは何もないだろうが、現実的なロードマップを描くにはまだまだ不十分だ。

幸いなことに、これまでもそうだったように、女性たちは自身の声を上げ続けている。すさまじい勢いで浴びせられる嫌悪とスティグマの攻撃にもかかわらず、性を売った経験をもつ女性たちは、社会に向かって叫んでいる。社会を変えようと抵抗するフェミニストたちは、とどまることを知らず動き続ける。性売買女性をはじめ性産業に従事している女性に対するスティグマと嫌悪に立ち向かい、ともに闘う実践こそが「男たちの部屋」を打ち崩す最も大きな力になるだろう。

原注

第一章　男たちの部屋

★1――法制処は「二〇一九年差別法令整備」を通じ、遊興従事者に男性を含むよう勧告をおこなった。だが男性たちが集団的に訪れ、女性たちが彼らの享楽のために働く遊興店の「遊興」という性質が変わらないかぎり、遊興店における性差別にも変化はない。

★2――二〇一九年五月、法務部検察過去事委員会は検察と警察の不十分な調査を事件隠蔽の原因として指摘した一方、性接待の日時および場所などを特定することができなかったとし、性犯罪の再捜査勧告をおこなわなかった。

★3――性接待の嫌疑は公訴時効が過ぎたとの理由で嫌疑なしとして処理され、二〇二一年六月一〇日、大法院は収賄罪についての嫌疑もまた証言の信ぴょう性を認められないとの理由で破棄差し戻しとなった。

★4――二〇二〇年九月五日閲覧。

★5――二〇二〇年現在削除済み。二〇一九年閲覧結果。

★6――https://www.youtube.com/watch?v=w8O7es883Ao（現在、本動画は非公開設定となっている――訳者）

★7――リンダ・マクドウェル（女性と空間研究会訳）『ジェンダー、アイデンティティ、場所』ハヌルアカデミー（린다 맥도웰、여성과 공간 연구회 옮김《젠더、정체성、장소》한울아카데미）、二〇一〇年、二五頁〔原著は Linda McDowell, *Gender, Identity and Place: Understanding Feminist Geographies*, University of Minnesota Press, 1999.〕

★8――キム・ジュヒ「『バーニングサンゲート』と『テーブル』の性経済」報告、「争点フォーラム：線を越えた男たち・壁を突き破る女たち：ルーム、テーブルクラブの性政治、ソウル国際女性映画祭」、二〇一九年八月三一日（김주희 〝'버닝썬 게이트'와 '테이블'의 성경제〟〈쟁점포럼 선을 넘은 남자들.벽을 깨는 여자들：룸、테이블 클럽의 성정치〉발표문、서울국제여성영화제）。

★9――チェ・ナウク『クラブアリーナ』エイドス（최나욱《클럽 아레나》에이도스）、二〇〇九年。

★10――クォンキム・ヒョンヨン『いつもそうだったように道を探し出すだろう』ヒューマニスト（권김현영《늘 그랬듯이 길을 찾아낼 것이다》휴머니스트）、二〇二〇年。

★11――ソ・ドンジン「注目経済時代のスペクタクル：視覚芸術の観客、消費者」『月刊芸術』（서동진〈주목경제시대의 스펙터클：시각예술의 관객、소비자〉《월간미술》第三九一号、二〇一七年、八六頁。

★12――キム・イェラン「リアクションビデオの注目経済　K-POPのグローバル化した生産と消費を中心に」『放送文化研究』（김예란〈리액션 비디오의 주목경제 K-POP의 지구적 생산과 소비를 중심으로〉《방송문화연구》第二四号、二〇一二年。

★13――キム・エラ「十代女性のデジタル労働と物質主義的少女像」『韓国女性学』（김애라〈십대여성의 디지털노동과물질주의적 소녀성〉《한국여성학》第三二号、二〇一六年より再引用。

★14――原注8に同じ。

★15――二〇二一年八月一二、日軍事法院はスンリのすべての嫌疑（性売買斡旋、性売買、性暴力犯罪の処罰等に関する特例法違反〔カメラ等利用の撮影〕、常習賭博、外国為替取引法違反、食品衛生法違反、業務上横領、特定経済犯罪加重処罰等に関する法律違反、特殊暴行教唆嫌疑）を有罪とし、懲役三年および追徴金一一億五六九〇万ウォンの判決を下した。

★16――ソウル市長性暴力事件被害者支援団体である韓国性暴力相談所・韓国女性ホットライン連合〈報道資料　ソウル市真相究明調査団発表に対する立場「『その方』の気分をよくすることが『その方々』の利益だった」〉（〈[보도자료] 서울시 진상규명 조사단 발표에 대한 입장 〝'그 분'의 기분을 좋게 만드는 것이 '그 분들'의 이익이었다〟〉）、二〇二〇年七月一六日付。

★17――チョン・ヒジン「遍在する男性性、偏在する男性性」『男性性とジェンダー』子音と母音（정

희진〈편재（偏在）하는 남성성、편재（偏在）하는 남성성〉《남성성과 젠더》자음과 모음）、二〇一一年、一六頁。

★18——キム・ヒョンミ「ジェンダーと社会構造」『ジェンダーと社会』トンニョク（김현미〈젠더와 사회구조〉《젠더와 사회》동녘）、二〇一四年。

★19——チョン・ヒジン「韓国男性の植民性とフェミニズム理論」『韓国男性を分析する』キョヤンイン（정희진〈한국 남성의 식민성과 여성주의 이론〉《한국 남성을 분석한다》교양인）、二〇一七年。

★20——上野千鶴子（ナ・イルドゥン訳）『女性嫌悪を嫌悪する』ウネンナム（우에노 지즈코《여성혐오를 혐오한다》나일등 옮김、은행나무）、二〇一二年〔原題は、上野千鶴子『女ぎらい——ニッポンのミソジニー』紀伊國屋書店、二〇一〇年／朝日文庫、二〇一八年〕。

★21——R・W・コーネル（アン・サンウク、ヒョン・ミン訳）『男性性／たち』イメジン（R・W・코넬、안상욱・현민 옮김《남성성／들》이매진）、二〇一三年〔原著は、Connell, Raewyn. *Masculinities.* Berkeley, University of California Press, 1995. Second edition, 2005. 邦訳は、レイウィン・コンネル（伊藤公雄訳）『マスキュリニティーズ——男性性の社会科学』新曜社、二〇二二年〕。

★22——二〇代・三〇代男性のなかで、近代の男性性とは異なる男性モデルを志向する男性性を「ハイブリッド男性性」と概念化し、このような変化がジェンダー秩序に対する抵抗の可能性として持続しえるかについて検討したキム・エルリによれば、二〇代・三〇代男性が既存の男性文化を断絶するために遂行する代表的な行為として「性売買を続ける友人との断絶、ミソジニーを発信するＳＮＳをやめることがある。ヘテロホモソーシャルで形成された男性との同盟関係を解消することだ」。キム・エルリ「カーキ、カモフラージュ、ハイブリッド男性性：ポストコロニアルの軍事的男性性」延世大学校ジェンダー研究所編『そのような男はいない』五月の春（김엘리〈카키、커무플라주、하이브리드 남성성：포스트근대의 군사적 남성성〉《그런 남자는 없다》연세대학교 젠더연구소 엮음、허윤・손희정 기획、오월의봄）、二〇一七年、一五八頁。

★23——ユンキム・ジヨン建国大学校身体文化研究所教授は、「弱いことを理由に男性集団から排除される男性であるほど、女性を搾取するのに執着する」といい、「実生活で無視される男性たちは、オンライン上であっても男性性を承認してもらおうとする。女性を自分より弱い存在だと信じること

で、征服欲を噴出する」と論じた。オンライン上での性搾取をリアルタイムで通報する女性団体〈テレグラム性搾取通報プロジェクト ReSET〉も「これまでに確認した加害者の大多数は現実世界で誇れる成果を上げたことがない男性たち」だといい、「現実から逃げた彼らが負担を感じずにアイデンティティをひけらかすことができるオンラインに忍びこんでいる」と分析した。特別取材チーム〈with 追跡団花火〉、〈「弱い」男性であるほど、性搾取に執着する〉『国民日報』（〈〝약한〟 남성일수록 성착취에 집착한다〉《국민일보》）、二〇二〇年三月一二日付。

★24——ソン・ジミン「『流出したら終わる（笑）』……わかっていても断ち切れないグループチャット性わいせつ」『ソウル新聞』（손지민〈〝유출되면끝ㅋㅋ〟…알면서도 못 끊는 단톡 성희롱〉《서울신문》）、二〇二〇年二月二日付。

★25——「［再判定］ロイ・キム、エディ・キム立件……『無断転用』写真も罰される？」〈キム・ヒョンジョンのニュースショー〉、CBSラジオ（［재판정］〝로이킴·에디킴 입건… '펌 사진' 도 처벌받나요？〟〈김현정의 뉴스쇼〉CBS라디오）、二〇一九年四月九日付。

★26——ユン・ボラ「デジタル居住空間と性暴力：『カカオトークグループチャット性わいせつ事件』」『フェミニズム研究』（윤보라〈디지털 거주지（digital dwelling）와 성폭력：'카카오톡 단체 채팅방 성희롱 사건'을 다시 보기〉《페미니즘 연구》）第二〇号、二〇二〇年。

★27——同上、一四四頁。

★28——チェ・テソプ『韓国、男子』ウネンナム（최태섭《한국、남자》은행나무）、二〇一八年。

★29——キム・ハクジュン「笑いと暴力：嫌悪がない笑いは可能か」延世大学校ジェンダー研究所編『そのような男はいない』五月の春（김학준〈웃음과 폭력：혐오 없는 웃음은 가능한가〉《그런 남자는 없다》연세대학교 젠더연구소 엮음、허윤·손희정 기획、오월의봄）、二〇一七年。

★30——チン・ギョンソン、キム・スヨン、ソン・ヒョンジュ、ソン・ミン「カカオグループチャットでの言語性暴力に対する態度研究」『韓国心理学会誌：女性』（진경선·김수연·정유경·송현주·송민〈단체카톡방 언어성폭력에 대한 태도 연구〉《한국심리학회지：여성》）第二二巻第二号、二〇一七年。

★31——クォンキム・ヒョンヨン『いつもそうだったように道を探し出すだろう』ヒューマニスト（권

김현영《늘 그랬듯이 길을 찾아낼 것이다》휴머니스트）、二〇二〇年。

★32——キム・スア、イ・イェスル「オンラインコミュニティと男性——弱者ナラティブの構築：ミソジニーおよびセクシズム事件関連掲示板での討論の言説分析を中心に」『韓国女性学』（김수아・이예슬〈온라인 커뮤니티와 남성—약자 서사 구축：여성혐오 및 성차별 사건 관련 게시판 토론의 담론분석을 중심으로〉《한국여성학》）第三三巻第三号、二〇一六年。

★33——チョ・ユンヨン「反省文だけで七九回目チョ・チュビン…『常識が色眼鏡となるかも』」『ハンギョレ』（조윤영〈반성문만 79차례 조주빈… "상식이 색안경될 수도"〉《한겨레》）二〇二〇年九月二日付。

★34——当然ながら代価を受けとったからと、すべての行為および状況、環境に「同意」したとみなすことはできない。性売買の現場での同意と不同意という問題に対してはつぎの論考を参照のこと。韓国性暴力相談所『一六歳以上の同意』韓国性暴力相談所、（한국성폭력상담소《16세 이상의 동의》한국성폭력상담소）二〇二〇年。「同意」概念のフェミニズム的転換についてつぎの論考を参照。ミレーナ・ポポナ（ハム・ヒョンジュ訳）『性的同意』マティ（밀레나 포포나《성적 동의》마티）、二〇二〇年。

★35——性売買斡旋等行為の処罰に関する法律第二一条（法則）①性売買をおこなった者は一年以下の懲役や三〇〇万ウォン以下の罰金・拘留または科料に処す。

★36——性暴力犯罪の処罰等に関する特例法第一四条（カメラ等を利用した撮影）④第一項または第二項の撮影物または複製物を所持、購入、保存または視聴した者は三年以下の懲役または三〇〇〇万ウォン以下の罰金に処する〈新設二〇二〇年五月一九日〉。

★37——イ・スンジュ「集団的性購買を通じ構築される男性性と男性間の関係構築」梨花女子大学校大学院修士学位論文（이승주〈집단적 성구매를 통해 구축되는 남성성과 남성들 간의 관계맺기〉이화여자대학교 대학원 석사학위논문）、二〇〇九年。

★38——シン・ドンウォン「性購買行為と男性性文化」淑明女子大学校大学院修士学位論文（신동원〈성구매 행위와 남성 성문화〉숙명여자대학교 대학원 석사학위논문）、二〇〇五年。

★39——このような任意のカテゴリー化は既存のデジタル性暴力やオンライン性暴力などの、通信機

器およびオンライン空間で発生する性暴力を、正確に言語化しようとする女性運動の試みによっている。サイバー性暴力はデジタル性暴力、オンライン／インターネット基盤の性暴力、性的イメージ操作／搾取的性暴力、オンライン基盤の性売買、オンライン上の性的嫌がらせ等を含む概念であり、サイバー空間で発生するジェンダー性暴力、たとえば違法盗撮、同意なしの漏洩性的撮影物等で撮影物をサイバー空間に流出させる性犯罪が代表的である。以上は、つぎの文献を参照。韓国性暴力相談所付設研究所ウルリム・韓国サイバー性暴力対応センター『サイバー性暴力被害者支援のための案内書』ソウル特別市（한국성폭력상담소부설연구소 울림・한국사이버성폭력대응센터《사이버성폭력피해자 지원을 위한 안내서》서울특별시）、二〇一七年。デジタル性暴力はデジタル機器使用により集中しており、流布までにはいたらない違法撮影物を含む。これらは現行の性暴力処罰法上カメラ等を利用した撮影罪に該当するとみることができる（ソ・スンフィ「サイバー性暴力被害の特性と根絶のための対応方案」『梨大ジェンダー法学』（서승희〈사이버 성폭력 피해의 특성과 근절을 위한 대응방안〉《이대 젠더 법학》）第九巻第三号、二〇一七年）。オンライン性暴力は性的対象化を利用した女性対象の性暴力として概念化されてきたが、女性の身体また性的イメージを利用した暴力、性的蔑視や侮辱、望まない性的接近等オンライン上での性的嫌がらせ、オンライングルーミングやストーキング行為を含む。以上は、つぎの文献を参照。チャン・ダヘ、キム・スア『オンライン性暴力犯罪の変化による処罰および規制法案』韓国刑事政策研究院（장다혜・김수아《온라인 성폭력 범죄의 변화에 따른 처벌 및 규제 방안》한국형사정책연구원、2018、최란（2019）재인용）、二〇一八年、チェ・ラン（二〇一九）より再引用。デジタル性産業と性暴力の境界は明白でないが、利益を生み出すことを主目的とする場合には、利益創出の装置と戦略に注目するため区別して検討した。

★40——性売買店の広告、性売買に関する情報、口コミ掲示板等が一つのサイトに集中しているため「性売買ポータルサイト」としてみるのが適切ではあるが、本文では男性たちが自身の性購買の感想を共有する場という点に焦点を絞るため、「口コミサイト」と呼ぶこととした。

★41——最近一年間の性購買行為時の同伴者類型をあらわしている。まず類似性交行為の場合、友人（四〇・八％）が最も多く、職場の同僚（三〇・七％）・単身（一九・八％）、取引先担当者等の業務上の知人（七・四％）の順に数値が出ている。つぎに性交行為の場合、類似性交行為と同様に友人が三七・二％と最も高く、職場の同僚（三一・〇％）・単身（二一・六％）、取引先担当者等の業務上の知人（八・八％）となる。

★42——ミン・ガヨン「性売買を通した親密さの模倣：性売買と性売買でないものの境界を打ち崩す搾取」『韓国女性学』第三五巻第一号（민가영〈성매매를 통한 친밀함의 모방：성매매와 성매매 아닌 것의 경계를 허무는 착취〉《한국여성학》）、二〇一九年。

★43——チェ・テソプ『韓国、男子』ウネンナム（최태섭《한국, 남자》은행나무）、二〇一八年。

★44——イ・ウニョン「遊興店オーナーたち『政府の措置にしたがったのに、業種差別…集合禁止解いてほしい』」（이은영〈유흥업소 업주들 〝정부 조치 따랐는데 업종 차별… 집합금지 풀어달라〟〉《조선비즈》）『朝鮮ビズ』、二〇二〇年九月一四日付。

★45——「『ルームサロンに財政支援？　無くしても足りない』vs『強盗扱いするのか？』」〈キム・ヒョンジョンのニュースショー〉CBSラジオ（〝룸살롱에 재난지원? 없애도 모자라〟 vs 〝강도 취급하나?〟〈김현정의 뉴스쇼〉CBS라디오）、二〇二〇年九月二四日付。

★46——二〇一五年五月三一日行政自治部公共データポータル基準。広範に調査した集計ではあるが、一般飲食店として登録されていたり、遊興従事者がいる遊興店（ビールと洋酒を販売しながら、性売買がなされる小規模店舗の麦洋酒屋など）は集計されないため、実際の遊興店は集計数値より多いだろう。「全国遊興酒店数は四万二二八四ヶ所、ルームサロン一五六〇六ヶ所、団欒酒店一万三七〇六ヶ所、その他遊興酒店五〇六七ヶ所、簡易酒店三八一三ヶ所、キャバレー一五四一ヶ所、ビア（バー）サロン一三二四ヶ所、スタンドバー六三二ヶ所、ゴーゴー（ディスコ）クラブ四〇四ヶ所、観光ホテルナイト一三四ヶ所、料亭一二三ヶ所、劇場食堂二二ヶ所」だという。この他の地域別分布はつぎを参照のこと。韓国刑事政策研究院『組織犯罪団の違法的地下経済運用実態と政策対案研究（Ⅱ）』韓国刑事政策研究院（한국형사정책연구원《조직범죄단체의 불법적 지하경제 운영실태와 정책대안 연구（Ⅱ）》한국형사정책연구원）、二〇一五年。

★47——二〇一〇年国税庁国税調査居住者の事業所得源泉徴収申告現況表、http://kosis.kr/statHtml/statHtml.do?orgId=133&tblId=DT_133N_A445&vw_cd=MT_ZTITLE&list_id=133_13301_200_40_40&

seqNo=&lang_mode=ko&language=kor&obj_var_id=&itm_id=&conn_path=MT_ZTITLE 二〇〇七年の調査により、一般遊興酒店業一万七六六四名、舞踏遊興酒店業一万四三一八名、簡易酒店業三万一九〇名、カラオケ運営業三万二五二五名で計一九万四六九七名の女性が性売買関連業界で働いているとの数値を女性家族部は把握している（女性家族部『二〇〇七年性売買実態調査』女性家族部《여성가족부《2007 성매매 실태조사》여성가족부》、二〇〇七年、七〇頁。

★48——団欒酒店営業は主に酒類を販売する営業形態で、客が歌う行為が許容される営業を指す。遊興酒店営業は主に酒類を販売し、遊興従事者を置いたり遊興施設を設置することができ、客が曲を歌ったり踊る行為が許容される営業形態である。食品衛生法施行令第二一条第八項参照のこと。

★49——ピョン・ファスン、ファン・ジョンイム『産業型売買春に関する研究』韓国女性政策研究院（변화순·황정임《산업형 매매춘에 관한 연구》한국여성정책연구원）、二〇一八年、五四頁。

★50——食品衛生法施行令第二二条（遊興従事者の範囲）①第二二条第八項ラ項目において「遊興従事者」とは客と酒を飲み、歌または踊りで客の遊興をかき立てる婦女子である遊興接客員を指す。男性遊興従事者が存在するにもかかわらず、法がこれらを含めていないという問題提起が税金問題というかたちで、幾度かなされたことがある。遊興従事者を置く遊興酒店で個別消費税（一〇％）、教育税（個別消費税の三％）、取得税（一二％）、財産税（四％）が課税されるが、男性接客員が働く遊興酒店は遊興従事者がいないとみなされ、遊興酒店に課される高額の税金を徴収できなくなるためだ。国会はホストバー（ホストクラブ）を助長することにつながる等の批判を考慮し、このような問題提起を保留していた。しかし二〇一八年一月から地方税法施行令第二八条第五項第四号に遊興接客員は男女を問わないという但書きを加え、遊興従事者の性別指定の問題は公に論じられることなしに、ただ税金を課すという戦略をとった。

★51——韓国刑事政策研究院『組織犯罪団の違法的地下経済運営実態と政策対案研究（II）』韓国刑事政策研究院（한국형사정책연구원《조직범죄단체의 불법적 지하경제 운영실태와 정책대안 연구（II）》한국형사정책연구원）、二〇一五年、二三〇頁。

★52——ミン・ガヨン「性売買を通した親密さの模倣：性売買と性売買でないものの境界を打ち崩す搾取」『韓国女性学』二〇一九年、一二六頁。

★53——遊興店で女性が特定のイメージを再現することで価値のある商品となる過程を、キム・ジュヒは「再女性化戦略」と名づける。キム・ジュヒ「性売買女性『化』の文化経済」『もっとマシな論争をする権利』ヒューマニスト（김주희〈성매매 여성 '되기'의 문화경제〉《더 나은 논쟁을 할 권리》휴머니스트）、二〇一八年、八二頁。

★54——パク・ジョンミ「韓国性売買政策に関する研究：『黙認―管理体制』の変動と性販売女性の歴史的構成一九四五～二〇〇五年」ソウル大学校大学院博士学位論文（박정미〈한국 성매매정책에 관한 연구：'묵인-관리체제'의 변동과 성판매여성의 역사적 구성、1945-2005년〉서울대학교 대학원 박사학위논문）、二〇一一年。

★55——一九四八年の『東亜日報』のある記事で「接客婦」という用語が初めて登場する。記事によれば、当時高級料亭が廃止されるにともない、料亭で働いていた妓生や女給や酌婦を接待婦と称し「客案内と飲食物の運搬のみにその職責を限定されていたが、以降は相席対酌までおこなうことができるとし、伎芸のみを禁止することに変更」した（キム・ジュヒ「発展と接待の二重奏」『女性と人権』（김주희〈발전과 접대의 이중주〉《여성과 인권》）第八号、二〇一二年、三五頁）。

★56——パク・ジョンミ「韓国基地村性売買政策の歴史社会学 一九五三―一九九五年：冷戦期生政治、例外状態、主権のパラドックス」『韓国社会学』（박정미〈한국 기지촌 성매매정책의 역사사회학、1953-1995년：냉전기 생명정치、예외 상태、그리고 주권의 역설〉《한국사회학》）第四九集第二号、二〇一五年。

★57——パク・ジョンミ、二〇一一年。

★58——感染病の予防および管理に関する法律第一九条はつぎのようになっている。「第一九条（健康診断）性売買感染病の予防のため、従事者の健康診断が必要な職業として保健福祉部令で定められた職業に従事する者と性媒介感染病に感染し、その伝染を媒介する憂慮があるとし市長・郡守・区庁長が認めた者は、保健福祉部令の取り決めにしたがい性売買感染病に関する健康診断を受けなくてはならない。（改定二〇一〇、一、一八）」。第一九条の保健福祉部令に該当する別表では、性売買感染病に関する健康診断を受けなくてはならない対象と健康診断項目と回数等が規定されている。二〇二一年改定以前の対象者としては青少年保護法施行令第六条第二項第一号にしたがい、営業店の女性従業員、食品衛生法施行令第二二条第一項にしたがう遊興接客員、マッサージ師に関する規則第六条にしたがうマッサージ店の女性従業員等と規定されているが、二〇二一年七月改定により、この別表から「女性」という単語が削除された。

★59——二〇二一年七月、疾病管理庁は法制処の二〇一九年差別法令整備事業の勧告にしたがい、健康診断の対象となる業種の従事者の性別と関係なく全員に検診を強制すると発表した。だが法制処と疾病管理庁のこのような決定は、感染病の予防および管理に関する法律第一九条の問題を解決することができない。その理由は第一に、疾病管理庁と法制処は感染病の予防および管理に関する法律第一九条が強制する特定業種の背景に、性売買への高い斡旋率があるという現実を依然として無視している。第二に、実際に該当業種の従事者を通じて性媒介感染病が拡散されているという事実関係が明らかにされたわけではないにもかかわらず、これらを統制すれば感染病を予防することができるという発想はスティグマと偏見に端を発するためだ。第三に、強制検診を通じた感染病予防法は感染者を患者として捉え適切な治療と管理をおこなうのでなく、人びとを感染病の原因として捉え統制しようとする、感染病疾患者に対する嫌悪が染みこんだアプローチに過ぎない。これに関する詳細は次を参照のこと。イルム〈[二〇二一イルムの時代嘆息②」男女すべてを差別したら、性差別が解消される? 法制処は差別に対する理解のない差別法令整備案を是正しろ!〉(이룸〈[2021 이룸의 시대한탄②」남녀 모두를 차별하면 성차별이 해소된다? 법제처는 차별에 대한 이해없는 차별법령정비안을 시정하라!〉)、イルムホームページ (e-loom.org)、二〇二一年八月四日。

★60——キム・ミンギョン「『国家が米軍基地村の性売買助長』初公判…賠償範囲拡大」『ハンギョレ』(김민경〈"국가가 미군 기지촌 성매매 조장" 첫 판결…배상범위 확대〉《한겨레》) 二〇一八年二月八日付。

★61——パク・ジョンミ「発展とセックス：韓国政府の性売買観光政策一九五五—一九八八年」『韓国社会学』(박정미〈발전과 섹스：한국 정부의 성매매 관광정책, 1955-1988 년〉《한국사회학》) 第四八集第一号、二〇一四年。

★62——イ・セア「ソウル江南の『ブランド健全クラブ』運営計画…ネチズン『笑わせますね』」『女性新聞』(이세아〈서울 강남에 '명품건전클럽' 운영 계획…누리꾼 "웃기시네"〉《여성신문》) 二〇

一四年、一一月二四日。

★63――インターネット検索をすると、ネイバー国語辞典「ウリマルセム」でのみ、その定義がヒットする。「ウリマルセム」はオンラインで単語の意味を使用者たちが記入し修正することができるプラットフォームで公式的な国語辞典とみなすことは難しいが、韓国社会がある言葉をどのように認識し定義づけているかの参考にはなる。

★64――一九九九年までの新聞記事は「ネイバーニュースライブラリー」によって、二〇〇〇年代の記事は「ビッグカインズ」を用いて、「輔導接待婦」、「輔導房」と入力し検索した結果である。

★65――「一〇代の少年たちを雇用、ルームサロンでホステスとして紹介し紹介費として一人あたり一日四〇〇〇ウォンを受けとってきたイ・ヒョンホ氏を職業安定法違反の疑いで拘束した。江南区論峴洞ユジョン駐車場地下にホステス紹介業者としてGG輔導事務室を構え、キム某嬢らの一〇代女性一〇名をルームサロンに紹介し、今月五日まで合計二二〇余万ウォンを受け取ったという」『京郷新聞』一九八八年一二月七日付。「未成年を飲酒店等で接待婦として斡旋する、いわば『輔導房』」『東亜日報』一九九二年一〇月一五日付。「一〇代少女遊興店接待婦として紹介斡旋策一八名拘束、俗称輔導事務室」『東亜日報』一九九六年八月九日付。「一〇代女性たちには、無料で酒を飲み遊びながら金が稼げる仕事をしたいなら電話しろ、で知られている。携帯電話とレンタルしたグレンジャー乗用車〔現代自動車の車種、高級セダン―訳者〕さえあれば、できる仕事だ」『京郷新聞』一九九七年八月二日付。

★66――イ・スヒョン「輔導房業種処罰、業者最大一〇年刑」『東亜日報』〈이수형〈보도방 업중 처벌 업자 최고 10년형〉《동아일보》〉一九九九年七月一二日付。

★67――「任渓洞一帯でカラオケのキャストはすでに公然の仕事」であるとし「生活が困難な主婦や離婚女性等が輔導事務室等を通してカラオケの斡旋を受ける」『文化日報』二〇〇一年八月六日付。後続の記事では、カラオケ文化業連合会のシム・ジェファク会長が警察にトウミの中間斡旋業者である輔導事務室を大々的に取り締まってほしいと要請したとし、インタビューが掲載されている（『文化日報』二〇〇一年八月一四日付）。

★68――「『京畿道地域性売買実態調査』報告書によれば……京畿道内売春女性は計一一万九五七一

名。このなかで団欒・遊興酒店が五万八四一五名で全体の四八・八％を占め、続いて輔導房三万四九三二名（二九・二％）、宿泊業九六八三名、チケットタバン四一五二名、座布団部屋等三四一八名、按摩施術所二五〇四名の順だった」（キム・ウンジョン「新都市『淪落タウン』反省」『京郷新聞』〔김은정〈신도시 '윤락타운' 번성〉《경향신문》〕二〇〇二年二月二三日付）。

★69――パク・ジョンミ、二〇一一年。

★70――二〇〇三年のある記事では「インターネットと携帯電話」が「伝統的な淪落店村」を圧しており、性売買が「サイバー輔導房」「インターネット抱主」をして広がっているとして性売買女性たちもまた「携帯電話とインターネットを利用し出退勤する店舗を志向」していると報道した（ムン・ソンヒョン「『携帯電話淪落』大手…色街に木枯らし」『京郷新聞』〔문성현〈'휴대폰 윤락' 활개…홍등가에 찬바람〉《경향신문》〕二〇〇三年一一月二二日付。

★71――キム・ジュヒ「韓国性売買産業の金融化と女性身体の『担保化』過程に関する研究」梨花女子大学校大学院博士学位論文（김주희〈한국 성매매 산업의 금융화와 여성 몸의 '담보화' 과정에 대한 연구〉이화여자대학교 대학원 박사학위논문）、二〇一五年。

第二章　ルームサロン共和国の「享楽」

★1――後発サイトの「わかって〇」は女性の人権に重きを置いていると、自己差別化している。「性売買は違法」と書いて性売買店でない遊興店を斡旋する場所としてアイデンティティ化している。だが店舗を類型別に紹介する箇所において二次の有無が記されているなど、性売買と接待の境界が不明瞭な性産業の特性がそこにまさにあらわれている。店でどのような仕事をするのか正確な情報を得てから店に訪問するようにと、女性たちの「必要」にしたがって理解したうえで店を訪れることを勧める。「Qアルバイト」は女性たちが直面する法的問題を弁護士に無料で相談することができる「無料法律諮問」掲示板を開設し、収益の一部を養子および障害者団体に寄付するとPRしている。遊興店の「合法性」によっている遊興店求人求職サイトの運営実態とこれらが構成する言説空間に対する後続研究もまた今後なされる必要があるだろう。

★2――これらのサイトは立て続けに変更し閉鎖と再開をくり返すため、本文ではURLを記さなかった。二〇一八年九月、「再びともに相談センター」と「性売買問題解決のための全国連帯」は「夜〇戦争」に対し性売買斡旋等の疑いで共同告発をおこなった。二〇一九年九月「夜〇戦争」運営者は一審で懲役一年を、サイトで広告を掲示していた性売買店のオーナーは罰金刑の宣告を受けた。「夜〇戦争」運営者は過去に「くらくらする夜」「くらくらするかけっこ」などの巨大口コミサイトを続けざまに運営してきたことで知られていた。ノ・ジミン「性売買サイト取締・閉鎖 厳格に対応しなくては」『メディア今日』(노지민〈성매매 사이트 단속·폐쇄 엄격 대응해야〉《미디어오늘》)、二〇一九年九月二〇日付。

★3――これらのサイトのなかで「悪〇アルバイト」「女〇アルバイト」は性売買斡旋で二〇一七年、ソウル所在の性売買被害支援相談所四ヶ所が共同告発をおこなったことがあるが、「性売買斡旋」の有無を明らかにすることは容易でなく、「女〇アルバイト」は嫌疑なしとして幕引きとなった。二〇二〇年一一月、「悪〇アルバイト」運営者の一人は懲役一〇ヶ月に執行猶予二年、保護観察処分および一二〇時間受講命令と一二六万六〇〇〇ウォンの追徴課税を受け、他の運営者は罰金五〇〇万ウォンの刑にとどまった。

★4――キム・ジュヒ「韓国性売買産業の金融化と女性身体の『担保化』過程に対する研究」梨花女子大学校大学院博士学位論文(김주희〈한국 성매매 산업의 금융화와 여성 몸의 '담보화' 과정에 대한 연구〉이화여자대학교 대학원 박사학위논문)、二〇一五年、一二〇頁。

★5――シン・ドンウォン「性購買行為と男性性文化」淑明女子大学校大学院修士学位論文(신동원〈행위와 남성 성문화〉숙명여자대학교 대학원 석사학위논문, 2005)、二〇〇五年。キム・ジュヒ「性産業空間のチケットタバン営業――チケットタバンにおける一〇代女性の『仕事』に関する研究」梨花女子大学校大学院修士学位論文(김주희〈성산업 공간인 티켓 영업 다방 내 십대 여성의 '일' 에 관한 연구〉이화여자대학교 대학원 석사학위논문)、二〇〇六年。Elizabeth Bernstein, "Bounded Authenticity and the Commerce of Sex", *Intimate Labors: Cultures, Technologies, and the Politics of Care*, Stanford University Press, 2010。キム・ヒョンギョン「『女になること』と『恋人という労働』:メディ

オ情動経済における女性芸能人志望生／新人の仕事」『サイ』（김현경〈'여자되기'와 '애인이라는 노동'：미디어 정동 경제에서 여자 연예인 지망생／신인의 일〉《사이間（ＳＡＩ）》）第一九号、二〇一五年。

★6——シン・ドンウォン、一八頁。

★7——シン・ドンウォン、五二頁。

★8——Elizabeth Bernstein、原注5。

★9——キム・ジュヒ、二〇〇六年、キム・ヒョンギョン、二〇一五年。

★10——キム・ギョンヒ「対人サービス労働の特徴に関する研究」『経済と社会』（김경희〈대인 서비스 노동의 특징에 관한 연구〉《경제와 사회》）第七二号、二〇〇六年、二一〇頁。

★11——遊興店における接待の過程をアウトソーシングという概念で再構成しようとする試みは、第二一回国際女性映画祭争点フォーラム「線を越えた男たち・壁を突き破る女たち：ルーム、テーブルクラブの性政治」の企画から示唆を得た。本書では、アウトソーシングという概念を雇用形態ではない文化的意味を強調するために活用している。

第三章　遊興従事者のアガシ労働

★1——チョン・ヒジン『フェミニズムの挑戦』キョヤンイン（정희진《페미니즘의 도전》교양인）、二〇〇五年。

★2——チョン・ヒギョン「一九六〇〜八〇年代ジェンダー年齢体制と『女性』の範疇の生産」『韓国女性学』（전희경〈1960-80년대 젠더-나이체제와 '여성' 범주의 생간〉《한국여성학》）第二九巻第三号、四九頁。

★3——同上、六五頁。

★4——同上。

★5——キム・ジュヒ「性売買被害女性は、セックスワーカーは誰か？」『性の政治性の権利』子音と

母音（김주희〈성매매 피해 여성은、성노동자는 누구인가?〉《성의 정치성의 권리》자음과모음）、二〇一二年、一二二頁。

★6——실비아 페데리치《캘리반과 마녀》황성원・김민철 옮김、갈무리、2011［シルヴィア・フェデリーチ（小田原琳・後藤あゆみ訳）『キャリバンと魔女——資本主義に抗する女性の身体』以文社、二〇一七年］。실비아 페데리치、황성원 옮김《혁명의 영점》갈무리、2013［Silvia Federici, *Revolution at Point Zero: Housework, Reproduction, and Feminist Struggle*, PM Press, 2012］。마리아 미즈、최재인 옮김《가부장제 자본주의》갈무리、2014［マリア・ミース（奥田暁子訳）『国際分業と女性——進行する主婦化』日本経済評論社、一九九七年］。낸시 폴브레、윤자영 옮김《보이지 않는 가슴》또하나의문화、2007［Nancy Folbre, *The Invisible Heart: Economics and Family Values*, The New Press, 2001］앨리 러셀 혹실드、아가람 옮김《감정 노동》이매진、二〇〇九年［A・R・ホックシールド（石川准・室伏亜希訳）『管理される心——感情が商品になるとき』世界思想社、二〇〇〇年］。

★7——シム・ソニ「女性労働の新たな分析ツールとしての美的労働の概念と有用性の検討」（심선희〈여성노동의 새로운 분석도구로서 심미노동의 개념과 유용성 탐색〉《한국여성학》）第三三巻第四号、二〇一七年。

★8——Boris-Parreñas, "Introduction", *Intimate Labors: Cultures, Technologies, and the Politics of Care*, Stanford University Press, 2010.

★9——キム・ジュヒ「性売買女性『化』の文化経済」『もっとマシな論争をする権利』ヒューマニスト（김주희〈성매매 여성 '되기'의 문화경제〉《더 나은 논쟁을 할 권리》、휴머니스트）、二〇一八年。パク・ダウィ「性売買女性のダイエット経験と身体の政治学」聖公会大学校NGO大学院修士学位論文（박다위〈성매매 여성의 다이어트 경험과 몸의 정치학〉성공회대학교 NGO대학원 석사학위논문）、二〇一八年。

★10——シム・ソニ、二〇一七年。

★11——イ・ジンギョン（ナ・ビョンチョル訳）『サービスエコノミー：韓国の軍事主義・性労働・移住労働』ソミョン出版（이진경、나병철 옮김《서비스 이코노미：한국의 군사주의・성노동・이주노동》소명출판）、二〇一五年［原著は、Jin-kyung Lee, *Service Economies: Militarism, Sex Work, and Migrant

Labor in South Korea, University of Minnesota Press, 2010）。

★12——シンシア・エンロー（権仁淑訳）『バナナ、ビーチ、軍事基地』青年社（신시아 인로、권인숙 옮김《바나나、해변、군사기지》청년사）、二〇一一年（原著は Cynthia Enloe, *Bananas, Beaches and Bases: Making Feminist Sense of International Politics*. Berkeley, University of California Press, 1990. 邦訳は、シンシア・エンロー（望戸愛果訳）『バナナ・ビーチ・軍事基地——国際政治をジェンダーで読み解く』人文書院、二〇二〇年）。

★13——Boris-Parreñas, 2010.

★14——イ・スンジュ「集団的性購買を通じ構築される男性性と男性間の関係構築」梨花女子大学校大学院修士学位論文（이승주〈집단적 성구매를 통해 구축되는 남성성과 남성들 간의 관계맺기〉이화여자대학교 대학원 석사학위논문）、二〇〇九年。

★15——ホ・ユンは男性の暴力が活動性と推進力、積極性等により奨励される韓国社会のジェンダー規範のなかで「『悪い男』が男らしい男という共通した感覚」が形成されてきたため、男性たちはいわば「悪さ」によって連帯感を獲得してきたと分析する（ホ・ユン「はじめに：そのような男はいない」延世大学校ジェンダー研究所編『そのような男はいない』）。

★16——ミン・ガヨン「性売買を通した親密さの模倣：性売買と性売買でないものの境界を打ち崩す搾取」『韓国女性学』（민가영〈성매매를 통한 친밀함의 모방：성매매와 성매매 아닌 것의 경계를 허무는 착취〉《한국여성학》）第三五巻第一号、二〇一九年。

★17——Teela Sanders, "'It's Just Acting': Sex Workers' Strategies for Capitalizing on Sexuality", *Gender, Work and Organization*, Vol. 12, No.4, 2005.

★18——シン・ギョンア「感情労働の構造的原因と結果の個人化：コールセンター女性労働者の事例研究」『産業労働研究』（신경아〈감정노동의 구조적 원인과 결과의 개인화：콜센터 여성노동자의 사례연구〉《산업노동연구》）第一五巻第二号、二〇〇九年。

★19——Kimberly Kay Hoang, "Economies of Emotion, Familiarity, Fantasy, and Desire : Emotional Labor in Ho Chi Minh City's Sex Industry", *Intimate Labors: Cultures, Technologies, and the Politics of Care*, Stanford University Press, 2010.

★20――飲酒代を支払わず店側につっかかったり、警察に通報するぞなどと言う酒に酔った客と店との摩擦があるゆえ、遊興店に「やくざ」が介入する他ないと組織犯罪団体の組織員たちは説明する（韓国刑事政策研究院『組織犯罪団の違法的地下経済運営実態と政策対案研究（Ⅱ）』韓国刑事政策研究院、二〇一五年、二三八頁。

★21――レイチェル・モーラン（アン・ソジン訳）『ペイド・フォア』アノンサ（레이첼 모랜、안서진 옮김《페이디 포》안홍사）、二〇一九年〔原著は、Rachel Moran, *Paid For: My Journey Through Prostitution*, W. W. Norton & Company, 2015〕。

★22――チュ・ジヒョン「女ひとりで商売をすること」『韓国女性学』（추지현〈여자 혼자 장사하기〉《한국여성학》）第三四巻第一号、二〇一八年。

★23――シン・ドンウォン「性購買行為と男性性文化」淑明女子大学校大学院修士学位論文（신동원〈성구매 행위와 남성 성문화〉숙명여자대학교 대학원 석사학위논문）、二〇〇五年。

★24――本書で引用されたすべての内容は二〇一九年一〇月五日・一〇日の両日の検索結果を対象としている。https://queenalba.net/index_nadult.php

★25――「Qアルバイト」の場合、地域別検索は意味がないように思われる。特定地域を検索しても江南、松坡など他地域の店舗広告がヒットするからだ。

★26――パク・ジョンミ、二〇一一年。

★27――キム・ジュヒ「韓国性売買産業の金融化と女性身体の『担保化』過程に対する研究」梨花女子大学校大学院博士学位論文（김주희〈한국 성매매 산업의 금융화와 여성 몸의 '담보화' 과정에 대한 연구〉이화여자대학교 대학원박사학위논문）、二〇一五年。

★28――チュ・ジヒョン、二〇一八年。

★29――チュ・ジヒョンは同研究で、男性権力を利用する女性自営業者たちの危険対応戦略が、不安定な関係のなかで他の被害を誘発する要因となっていると分析する。「男性」がただちに女性従事者を危険にさらす存在であるため、男性権力を利用した自己防衛戦略は遊興産業でつねに危ういものである。遊興産業の女性従事者たちはその不安定な関係を見破り、男性オーナーや室長、警察が自身を保護してくれるものだとは期待していない。チュ・ジヒョン、二〇一八年。

★30――ミン・ガヨン「新自由主義秩序の拡大に従う一〇代女性の性的主体性の変化に関する研究」『韓国女性学』（민가영〈신자유주의 질서의 확산에 따른 십대 여성의 성적 주체성 변화에 관한 연구〉《한국여성학》）第二五巻第二号、二〇〇九年。ソン・ジェスク『ひとりで生きる』トンニョク（송제숙《혼자살아가기》동녘）二〇一六年。シン・ギョンア「二〇代女性の新たな労働アイデンティティに関する探究的研究」（신경아〈20대 여성의 새로운 노동정체성에 관한 탐색적 연구〉《아시아여성연구》）第五六巻第二号、二〇一七年。キム・ジュヒ、二〇一八年。

★31――https://queenalba.net/index_nadult.php 二〇一九年一〇月五日閲覧。

★32――ソ・ドンジン『自由意志、自己開発の意志』トルベゲ（서동진《자유의 의지 자기계발의 의지》돌베개）、二〇〇九年、三四頁。

★33――反性売買人権行動イルムの同僚の活動家たちと団体後援会員たちによるアイディアの一部である。

★34――チョ・ミョンア「検事起訴率は〇・一三％…『検事性売買法』他にあるか」〈ＭＢＣニュース〉（조명아 〝검사 기소율은 0.13%… ‵검사 성매매법′ 따로 있나〟〈ＭＢＣ뉴스〉）、二〇一九年一〇月一六日付。

ジェンダーとセクシュアリティの諸問題が交差する闘争の場で勇敢に駆け抜けた女性学研究者の重要な成果

性売買と関連してつねに関心が集中するのは「二次」だった。遊興業界における「二次」とはただちに性売買を意味する言葉だ。反性売買運動の活動家であり研究者である著者は、性売買をすみ分ける基準がどこにあるのかを問うために「一次」で起きるジェンダー化された労働と性愛化されたサービスの様相に注目する。

性行為がおよばない場所だとみなされている「一次」で男性は客であり、女性は接客員だ。例外ももちろんあるが、食品衛生法施行令は遊興店接客員の性別をあえて「女性」だと明示するほどに、その構図はデフォルトになっている。遊興店の女性接客員が男性客を接客するときにおこなう仕事はつぎのようなものである。客の前に座ってたばこに火を点け、酒を注いで一緒に飲むこと、笑ってあげること、社長とか会長だとか呼んであげること、歌うときには合の手を入れて応じてあげること、相手の魅力を探してほめてあげることなどなど。性売買とは言われないものの、性愛化されジェンダー化されたスタイルの労働であることは明らかである。著者はこの仕事を、「アガシ労働」と名付けた。

遊興店で女性接客員を求める男性たちが、「アガシ労働」を要求する理由は明白だ。「上に立ちたい」からだ。男性たちはそれぞれの職場で、上司のご機嫌とりに奔走し疲弊し溜まったストレスを晴らすために女が接客員である遊興店がセッティングする部屋でつかの間の「目上になる」経験をし、このような上下関係を相互に贈り合い、男性連帯をむすぶ。

本書は一文で要約できる。韓国社会の男性はいつ、どこで、どのようにつくられるのか？　著者が探し出した答えは明快だ。韓国男性の相当数はルームサロン、カラオケなどの「部屋」で女性接客員が遂行する「アガシ労働」を享受しながら男になっていく。

また本書はバーニングサン事件を重要視し扱いながら、ルームサロン文化がルームで終わらずに、どのように社会全体に広がったのかを明らかにしている。クラブバーニングサンがあらゆる性犯罪と脱税などの温床として注目されたとき、社会が動揺した理由は、ここがルームサロンのような「遊興店」ではなかったからだ。クラブバーニングサンを訪れる女性客らは「接客員」ではなく「客」である。だがこの違いは、バーニングサンを支配する経営陣と所有者の立場からすると重要ではない。バーニングサンの主要関係者だった有名芸能人のグループチャットから明らかになったように、無料で入場した女性客は「客」ではなく「水のいいゲスト」となりクラブ全体のレベルを保つだけでなく、VIP席に「招待」という名目で呼ばれ無意識のうちに「潜在的な」接客員となった。韓国の性産業は既存の性売買関連の長きにわたる論争、つまり自発か強制かといった問題をすでに飛び越えて久しい。

本書は「社会の売春化」の過程を提示したノンフィクション社会批評である。遊興産業は現代のジェンダーとセクシュアリティの主要な闘争の場の一つであり、そこで勇敢に駆け抜けた女性学研究者が生み出した重要な成果だ。とくに本書のもととなったファン・ユナの論文「遊興産業の『二次』営業戦略と女性の『アガシ労働』」（二〇二〇）は修士論文としては異例にも主要週刊誌で引用され報道された。その論文が本となり多くの読者に出会えるなんて、同じ研究者として胸がいっぱいだ。また読者としてこのうえなく喜ばしいことだ。

クォンキム・ヒョンヨン（『女たちの社会』著者・女性学研究者）

ジェンダー化された資本主義経済体制と普遍的な女性の人権の前で立ちすくむ人たちへ贈りたい本

部屋（room）は政治的空間である。いまから百余年前にヴァージニア・ウルフは女性たちが自由になるには自分自身の部屋が必要だとはっきりと言葉にした。もちろん男性もそうだが、ヴァージニア・ウルフの周囲にいた上流階級の男性たちは、すでに自分たちの部屋があったという違いがある。人間が自由に思考し休息し、ときに文章を書くためには、独立した空間は欠かせない。このようなことを考えると部屋は人間の普遍的権利の問題といえる。だが男性個人を超えて男性「たち」が集まる部屋、男性たちの部屋について考えてみるなら、話が変わってくる。歴史をみれば、男性たちの部屋では大文字の政治がくり広げられた。とくに韓国では解放以降から冷戦の時期にかけて、エリート男性たちの部屋で密室政治と派閥政治がなされた。

ファン・ユナによる本書は、現代韓国社会の大衆的状況について深く掘り下げている。平凡な韓国男性たちの日常のなかで彼らが結束する部屋がこの本の舞台である。著者はn番部屋事件、クラブ、ポッパンなどオンライン・オフラインを行き交う男性たちの部屋の延長線上にある遊興店のジェンダー政治学を明らかにしようとし、これらをめぐる文化と制度をフェミニズムの観点から分析する。よく知られているように韓国の食品衛生法施行令は遊興店に従事する者を婦女子に限定している。逆説的にいえば、女がいて初めて男たちの部屋が可能となるのだ。この部屋で男性らは「婦女子」と一緒に酒を飲み歌い踊り、遊びに興じる。この部屋の女性たちは、遊びながら金を稼いでいると思われている。だが著者は問う。男たちの部屋で、女性たちは男性らと同じように、遊びを楽しんでいるのだろうか？

本書によれば遊び、享楽、遊興という人間の基本的な本質でさえ、ジェンダー化された市場と制度を経由しながら性差別的で女性を搾取するように構成されている。収益を最大化すべく、男たちの部屋が考案され細分化され、ともに食べ飲んで楽しむ人間の活動は市場が持ち上げる男性中心的文化に依存している。とくに著者は「アガシ労働」という概念を通じて女性たちが遊興店で遂行する多様な労働とともに、一次（必然的に「二次」の存在を暗示する）がなされる部屋の現場をとり上げる。何かかわいそうな事情があるのだろうと期待されるこの女性たちは「アガシ」と呼ばれ、アガシとして要求される振る舞いを遂行し「テーブルチャージ」を受けとる。男性たちの部屋で、アガシたちの役割と存在はテーブルと同じくシステム化されている。

私がこの本で最も興味深いと思う点は、遊興産業をめぐる多様な法・政策を概観し制度的介入を模索している点だ。画期的な解決策をみいだそうとするのでなく、遊興店の女性たちが直面する実際の問題に介入しようと丁寧に思惟する著者の誠実な知的態度に驚嘆させられる。さらには著者は、遊興店の本質的な問題は結局のところジェンダーにもとづく従属的な権力関係と、これを合理化する経済論理だと断言する。男性たちの遊興が他者―女性の感情と身体に依存しているとし、巨大な商品市場が際限なく再生産される状況で、遊興は女性と男性それぞれに同様の意味をもつはずがない。資本主義経済体制のジェンダー化された行動論理と、普遍的な女性の人権をめぐって悩み続けようとする人びとが本書を読んでくれることを願う。

キム・ジュヒ（『レディ・クレジット』著者・徳成女子大学校教員）

訳者解説

本書は、ソウルにある反性売買人権行動／性売買被害支援相談所イルム（이룸）で二〇一三年から二〇二二年までの一〇年間にわたって活動をしてきたファン・ユナによる、《남자들의 방：남자-되기、유흥업소、아가씨노동》（오월의봄、2022）の全訳である。イルムは社会の脱性売買を目指し二〇〇四年に立ち上げられ、ソウル北東部の東大門区に位置する清涼里駅周辺の「清涼里五八八」と呼ばれた性売買密集地域を現場とし、性産業従事者たちからの相談などを中心にアウトリーチ活動をおこなってきた。二〇一六年に清涼里五八八が解体されて以降は、ソウル中央部の龍山区梨泰院を中心にアウトリーチを継続し、性産業従事者たちとの関係を結んでいる。*1 著者はそのような現場での活動と並行して聖公会大学市民平和大学院実践女性学科の修士課程で学び、「遊興産業の『一次』営業戦略と女性の『アガシ労働』」を二〇二〇年に修士論文として書き上げた。本書は第二章・第三章をこの修

＊1——イルムの活動目的は、①性売買（経験）者に対する支援活動 ②性販売（経験）者の人権と社会的安全網保障のための活動 ③反性売買大衆広報事業 ④反性売買研究出版事業である。より具体的には、内談者に対する電話相談、医療・法律相談、現在は梨泰院の遊興店を中心にしたアウトリーチ、出版活動や討論会の開催など、常勤の活動家が五人にも満たないにもかかわらず手広くかつ深度のある活動をおこなっている（반성매매인권행동［이룸］성매매피해지원상담소［이룸］소개 https://e-loom.org/ 二〇二三年三月七日閲覧）。

士論文の議論をもとにし、書籍化にあたり第一章を書き下ろして加えたものである。

本書のタイトル『男たちの部屋』が示すように、本書が主題とするのは異性愛男性たちが集まるオンライン・オフラインを問わない諸空間でなぜ性暴力が起こるのか？　その空間で女性たちはどのような立場に置かれていて、どのように振る舞っているのか？　またそれはどのような文化・経済システム、社会通念により維持されているのか？　である。以下では韓国社会の性産業の現状と著者の問題意識を記すことで、本書を日本語空間で読むための補助線となればと思う。

「男たちの部屋」を構成する男性性と「アガシ労働」

二〇一八年のクラブ・バーニングサン事件と二〇二〇年のn番部屋事件は、韓国社会を大きく動揺させた。日本でもメディアで取りあげられたこの二つの事件は、日常生活と隣りあわせの空間（クラブ／インターネット上）で残忍な手口の集団的な性暴力が起きたという点で、人びとに大きな衝撃をあたえた。だが、ミソジニーと男女間の大きな経済格差のうえに成り立つ韓国社会の性産業の縮小をめざしてきたフェミニストたちの間では、これらの事件は驚くべきものではなく予見されたものだった。[*2] いつこのような事件が起きてもおかしくない、可視化されていないだけでそ

＊2——キム・ジュヒ「ビッグデータ分析を通じて見たフェミニズム大衆化時代の『n番部屋事件』」『女性と人権』（김주희〈빅데이터 분석을 통해 본 페미니즘 대중화 시대 'n번방 사건'〉《여성과 인권》）第二三号、二〇二〇年、一―三頁。

れらの暴力が起きうる空間——遊興店、性売買密集地域に代表される性産業——がすでに韓国社会で、物理的にも文化的にも社会にその位置を占めて久しいからである。

著者も同様に、世間を揺るがした二つの事件はまさに性産業の、とりわけ遊興店の営業システムの本質をそのままに規模が拡大したものだと指摘する。ここに、著者の問題意識がある。性産業が維持されてきたシステムがいまや性産業のみならず、クラブやインターネット上に広がっているということに、つまり社会の至るところでジェンダー化された空間が生み出され性暴力が起こる社会状況に、つよい危機感を抱いている。

ここで韓国社会の性産業の現状について確認しておきたい。韓国社会の性産業は、通称「一次」と「二次」がセットとなって拡大してきた。「一次」とは、遊興店での性的なサービスをともなう接待を指す。遊興店とは日本のキャバクラのように、テーブルを囲んで女性が男性客を接待する店舗であるが、接客をおこなうその空間に特徴がある。ワンフロアに複数のテーブルが配置され空間全体が見通せるキャバクラとは異なり、遊興店では店を訪れた男性客グループに対しそれぞれ部屋が割り当てられ、密室のなかで女性たちが接客をおこなう。この「一次」の延長線上とし

＊3——一九九九年にスウェーデンで「性購買処罰法」が施行されて以降、これを一つの参考例とし、二〇〇八年ノルウェー、二〇〇九年アイスランド、二〇一四年

て想定されているのが「二次」であり、それは（類似）性行為のことを指す。これまでには歓楽街のように、ほかの産業とやや隔てられた空間で性売買店舗が軒を連ねる性売買密集地域が、「二次」の主たる場所であった。

このような「一次」と「二次」の構図は、二〇〇四年九月に施行された「性売買斡旋等行為の処罰に関する法律」および「性売買防止および被害者保護等に関する法律」（この二法案をあわせて以下では、「性売買特別法」）の制定により、転換点を迎える。「性売買特別法」は、性購買者と斡旋者のみを処罰し性産業従事者の非犯罪化を規定した、性産業への需要を遮断するかたちで性産業の根絶をめざす北欧モデル[*3]を部分的に採用し、かつ性産業従事者の脱性売買への支援を国家レベルでおこなうよう定めたものである。[*4] 部分的というのは、韓国の現行法では他人に勧誘され「強制的」に「性を売る」行為に至った場合は処罰されない一方で、「自主的」にそれをしたとみなされた場合は処罰対象となるためである。

ともかく、この「性売買特別法」を契機として「二次」つまり性売買をおこなう代表的な場所とされてきた全国各地の性売買密集地域が、この二〇年でほとんど解体されることとなった。これらの事実だけに注目すれば、韓国社会の性産業は縮小の一途をたどっているかのようにみえる。

カナダ、二〇一五年北アイルランド、二〇一六年フランス、二〇一七年アイルランド、二〇一九年イスラエルが、北欧モデルに類似した性購買者を罰する法律を制定した。

＊4——これらの法を根拠に、女性家族部が脱性売買支援施設のガイドラインを規定したり性売買の実態調査を実施することで、脱性売買のための体系的支援をトップダウンで構築しようとしている。また、各種支援施設やイルムを含む脱性売買支援相談所に対し、活動家の人件費やアウトリーチ費用を国家予算によって充当するなど財政的支援をおこなっている（韓国女性人権振興院『2022性売買被害者支援過程マニュアル施設類型別初心者用』（한국여성인권진흥원《2022 성매매피해자 지원 과정 매뉴얼 시설유형별 초심자용》）、二〇二二年）。

だが遊興店に注目してみるとき、現実はそうではない。前述したように遊興店はその通称からして「二次」の前提として想定されているが、実際には性売買密集地域を訪れずして性購買に至る場となっている。たとえば、遊興店のなかでもハードコアクラブやポールサロンといった業種の場合には接客のなかに類似性行為が接客の一環として含まれており（八七頁参照）、遊興店はたんに女性が接客をおこなうだけの場所ではない。性売買密集地域という性売買をおこなう象徴的な空間が解体されていく一方で、遊興店でなされる性的サービスが多様化しているのが、韓国社会の性産業の現状である。

遊興店の数は、統計にあらわれる数字だけでも韓国全国で四万二二八四ヶ所にもおよぶ。遊興店は歓楽街に集中しているわけではなく、たとえば列をなす人気飲食店の隣の雑居ビルのワンフロアを遊興店が占めていたりするなど、どこにでも存在している。著者が遊興店に注目する理由の一つは、合法／違法のはざまでグレーゾーンとなっているこの非可視化され、全国至るところに溢れている遊興店こそが、いまや性売買が起こる場所としてあるからである。

そしてそもそも、本書で最も重要であるのは、遊興店がすべてジェンダー化され男性客と女性従事者との権力の上下関係が前提とされており、それがゆえに性暴力が頻繁に起こるということである。この空間における男女の権力関係は、遊興店の営業を規定する「食品衛生法施行令」第二二条において「遊興従事者とは、客とともに酒を飲み、歌や踊りで客に遊興を添える婦女子である遊興接客員を指す」と、法で明文化されてすらいる。要するに、遊興店という空間においては男性が上位に、女性が下位にいることを、国家レベルで公的に位置づけているのだ。

さらに著者は性暴力が起きる空間を醸成する要因を法のみならず、男性性形成と市場経済の結託という観点から紐解いていく。性別二元論と異性愛主義が貫かれた社会において、女性をめぐって争い、男性同士が競争し承認しあうことで男同士の絆を構築する。その過程で、ホモセクシュアルと性的客体である女性とが排除されるという、イヴ・セジウィックの議論を用いて分析を進めていく。さらには、レイウィン・コンネルの男性性形成の議論によっても裏づけられる。男性だから性暴力を振るうのではなく、この社会で主流である異性愛男性を特徴づける「男性性」、「男らしさ」を獲得しようとする男性同士の競争と承認をめぐる実践のなかで性暴力は引き起こされるのである。

男性が一人で遊興店を訪れることはない。会社の上司と部下と、友人と、集団で訪れる。本書の第三章で紹介される遊興店の従事者たちの声からもよくわかるように、女性を媒介にして男性同士で遊ぶ、また競争を通して互いを承認しあう過程がくりひろげられるのが、韓国社会では遊興店という場所なのである。このような男性間の連帯は、現代においてビジネスの根幹をなすものとなっている。遊興店で高額の飲酒代を注ぎ込み女性を思いのままにする遊びを通して、韓国社会で主流な存在、異性愛男性となっていく。遊興店でテーブルを囲み男女の上下関係が互いに認識されたジェンダー化された空間のなかで形成されていく男性性は、相手が同意しない性的接触や嘲弄はすべて性暴力であるにもかかわらず、それを性暴力とは認識せず「からかい」や「遊び」としてみなす。

また、遊興店が収益をあげる仕組み自体が、よりいっそう空間のジェンダー化をうながし男性性を強化させ、女性にとって暴力的な空間になっていると著者は指摘する。遊興店の女性従事者は定められた時間を一つの部屋のなかで過ごすことでその時間分の賃金を得ることができるが、途中で退席しては一銭も手に入らない取り決めになっている。したがって、男性客からの要求や性的接触がはげしいからといって、それを店舗側に訴えることはできず、女性たちはひたすら耐えるしかない。

女性従事者たちの負担になるのは、客ばかりではない。遊興店側の収益源は男性客が消費する飲酒代に依存しているため、男性客が高額な酒を大量に注文するように、うまく接客するよう店舗管理者は女性たちに対し圧力をかける。したがって、女性たちは無理をしてでも陽気に振る舞い、男性客が酒を飲み干すように仕向けねばならない。だがこれは一方で、女性たちを危険な状況に追いやりもする。男性客が泥酔状態となれば、彼らからの要求と性暴力がエスカレートしていくためである。過度な飲酒を避けるために性売買をおこなう業種へと移行する従事者もいるほどに、過度な飲酒が必須条件である遊興店での接客は精神的・身体的苦痛をひどくともなう。要するに、男性客と女性従事者間の上下関係と、資本主義社会において遊興店が収益をあげるシステムが組み合わさり、性暴力が起こる空間が醸成されているのである。

このように集団で訪れしばしば性暴力を振るう男性客たちに対し、遊興店で働く女性たちはどのように振る舞っているのだろうか？　著者は遊興店で働く「アガシ」と呼ばれる女性たちの労働と、それに女性たちが自身を馴染ませていく過程を「アガシ労働」と名付けた。女性であれば誰しも遊興店で働くことができるわけではない。遊興店でよしとされる外見と身振りを身につけ、場にふさわしいとされる振る舞いを遂行しなくては、働き続けることはできない。だがこの「アガシ労働」というのは、マニュアル化されたものではない。店を訪れる男性たちの要求にあわせて場の空気を読み、即興的に自身の身体と身振りを変形させ客をケアし続ける過程＝「アガシになること」を遂行せねばならない。それは「男性になること」と、表裏をなす実践である。

もちろん、女性従事者たちはこの空間のなかでつねに客体化された存在であるわけではない。個人ができる範囲内で主体的に自己防衛をすべく、たとえばともに働いている他の女性たちとの間で横のつながりを結ぼうとする。部屋のなかで互いに危機的状況を回避するために目配せをし、ときには客を出し抜き、カバーしあう。遊興店の求人情報サイトの掲示板で従事者同士が働くうえで必要不可欠な情報を交換しつながりをつくるなど、店舗側の実践や戦略を逆手にとり利用することもある。とはいえ、そのような主体的な行為ですら、そもそも男女の権力不均衡な性産業、空間のなかでは、その場を切り抜ける対処的な実践にとどまらざるを得ないのである。

性産業へのアプローチの転換

性産業を分析する著者のこのようなアプローチは、彼女が働いていた反性売買人権行動／性売買被害支援相談所イルム（이룸）の活動と切り離せない。イルムは現

＊5―反性売買人権運動［イルム］／性売買被害相談所［イルム］『清涼里―体系的忘却、記憶でつながった歴史』（반성매매인권행동［이룸］／성매매피해지원상담소［이룸］《청량리―체계적 망각, 기억으로 연결한 역사》）、二〇一八年、九頁。

＊6―一九九〇年代から精力的にフェミニズム研究と言論活動をおこなってきたチョン・ヒジンやクォンキ

場での支援活動と並行して、いくつかの研究成果を残してきた。清涼里五八八が解体される際には、清涼里五八八の形成過程と性産業従事者たちの経験を歴史化した『清涼里——体系的忘却、記憶でつながった歴史』（イルム、二〇一八）を、歴史問題研究所と共同研究をおこない刊行している。[*5] また二〇二二年秋には『不処罰——性売買女性たちを処罰する社会に投じるフェミニズム宣言』（ヒューマニスト、二〇二二）をイルムが企画し、性産業の犯罪化／合法化という二極化した議論をこえて、現状を打破するにはともかくまずは性産業従事者が罰せられないようにすべきだと主張する論集を、歴史学や女性学研究者、活動家、弁護士など多様なバックグラウンドをもつ一二名の執筆陣を擁し出版した。[*6] 性産業従事者に対する社会的スティグマをとりのぞくことと待遇の改善に重きを置くがゆえに、書籍のタイトルは「性産業従事者に対する『不処罰』」となっている。

もっともイルムの知的背景には、本書の原著に推薦文をよせているキム・ジュヒの存在が大きい。キム・ジュヒは日本ではまだ十分に紹介されていないが、性売買や性暴力の問題を中心に精力的に言論活動をおこなっている研究者であり活動家である。

キム・ジュヒの著書『レディ・クレジット——性売買は金融の顔をしている』

ム・ヒョンヨン（この二人が編者となる「トランス叢書」のなかでも『#Me Tooの政治学』と『被害と加害のフェミニズム』は、すでに日本語訳があるので参照されたい）が連載を担当する主要新聞のコラム（クォンキム・ヒョンヨン「なぜ性売買女性の不処罰なのか」『ハンギョレ』〈왜 성매매 여성 불처벌인가〉《한겨레》）、チョン・ヒジン「日常を可能にする権力を考える」『京郷新聞』〈일상을 가능케 하는 권력을 생각함〉《경향신문》）や、韓国社会でよく知られたフェミニズム情報サイトのイルダ（「性売買女性を『不処罰』にしたらどのような世界が広がるか?」〈성매매 여성을 '불처벌' 하면 어떤 세상이 펼쳐질까?〉《일다》）のなかで本書をとりあげており、イルムの主張や立場は決して韓国社会のフェミニズムで主流でないわけではないことを指摘しておく。

（現実文化、二〇二〇）では、フェミニズムと自身の長年の現場での運動経験をもとに、分野横断的に理論を用いて、性産業雇用主が前払金を女性に渡して買いとる女性の身体は、ある種の信用の担保であり、高利益を生み出す投資対象となる、性差が利用された金融商品であるという視点を見出す。この視点から、性産業はこの社会の地下や外部にあるのではなく、性差がすべてにおいて貫徹され金融市場というかたちで社会にすでに根深く組み込まれているという点を明らかにする。さらには、韓国国内の性産業従事者たちが負債を返済できないがゆえに海外での性産業へ移る事例などをとりあげ、グローバル化した性産業ネットワークと経済システムまでを視野にいれて論じていく。性産業における個人の道徳や主体性を強調する膠着した議論に揺さぶりをかけるように、経済的観点から性産業を問い直すようキム・ジュヒはうながすのである。[*7] 本書が「男たちの部屋」を市場経済との関わりからとらえている理論的背景には、キム・ジュヒからの多分な影響がある。

日本語空間で本書を読むこと

本書を日本語空間で読む際に、歴史的な観点を決してはずすことはできない。韓国社会の性産業を規定する法制度と性規範は、日本による朝鮮半島の植民地支配に

＊7——김주희《레이디 크레딧：성매매、금융의 얼굴을 하다》현실문화、2020。

より多大な影響を受けているためである。

一八七六年の日朝修好条規の締結を契機に朝鮮への影響力をしだいに強めていた日本帝国は、一九一〇年に「韓国併合」をおこない、一九一六年には遊郭を公的に運営すべく法を制定し公娼制を確立した。本書の関連で重要なのは、料理店で働く芸妓やキーセン（妓生）といった接客をおこなう女性たちを規定する法制度もこの時期に移入されたことである。接客をおこなう女性たちは、この法制度により性病検査を義務づけられ、表向きには「接客婦」であるにもかかわらず実際には潜在的な私娼として人びとに知られていた。

一九四五年に日本が敗戦し朝鮮が解放されるや、米軍政下におかれた朝鮮南部では一九四八年に「公娼制度等廃止令」を公布することで、脱植民地化の一歩として一九一六年から続いていた公娼制を廃止した。他方で接客業を生業とする女性たちを規定していた、一九一六年制定の「芸妓酌婦芸妓置屋営業取締規則」はその名称を少しずつ変えつつ継続し、現在も施行されている「食品衛生法」が制定される一九六二年になり、ようやく廃止されることとなる。

朴正熙政権下の一九六〇年代には、このように性産業に関わる法制度が改正され、また性売買密集地域を「特定地域」としてトップダウンで全国一〇四ヶ所に形成し、性産業が拡大する時期にはいっていく。さらには、政府レベルでセックスツーリズムを推奨し、いわゆる「キーセン観光」を、米軍を対象に政策として実施していくようになり、政府指定のホテルや遊興店を設け女性を差し出すことで、韓国社会の経済発展に寄与する外貨を獲得していった。また一九六五年の日韓国交正常化を契機に、その前年に海外への観光渡航が自由化された日本人観光客が韓国へ大挙して押し寄せ、それに乗じて韓国政府および観光協会や日本の旅行代理店が手を組みキーセン観光をビジネス化していった。

もっとも、本書に関わって重要なのは、一九六〇年代からの延長で一九八〇年代以降に性産業の中心が性売買店舗から、遊興店へシフトし大衆化が進んだことである。一九八八年ソウルオリンピックに向けキーセン観光がよりいっそう規模を拡大するなかで、一九七〇年代からの韓国社会の高度経済成長があり、また一九八二年には夜間通行禁止令[*8]が廃止され、さらには一九八七年に民主化を迎え社会に開放的な空気が広がり、韓国人男性が性産業の主要な客層として浮上するようになった。このような変遷により、ソウルのみならず地方にも遊興店が激増していくようになり、一九七五年時点で全国約一万店であったのが一九八五年には約四万店の規模を誇るようになる。[*9]

*8——一九四五年九月に仁川で実施され朝鮮戦争を契機に全土で、夜一二時から午前四時まで一般人の外出を禁じた。

*9——ここまでの歴史的過程については、韓国社会の性産業の法制度を通史的に

このように韓国社会における性産業は、植民地期から米軍占領期および韓国社会の民主化を経ながら性購買者の主体が変遷しつつ、肥大してきた。二〇〇〇年代以降は本書でも言及しているように、インターネットの普及により性売買の個人化および地下化が進み、性産業の実態の把握がいっそう困難になっている。このような社会状況を、クォンキム・ヒョンヨンは本書によせた推薦文のなかで「社会の売春化」と呼んでいる。バーニングサン事件やn番部屋事件のように日常空間と性産業との線引きは曖昧なものとなり、性売買における長年の議論である性購買／性販売者の自主／強制の二分法の問題をもはや飛びこえている現状があるのである。

では、このような歴史的過程を知ったうえで、日本語空間にいるわれわれはどのように行動するのか？　まずは、性産業が性暴力の危険を内包させながら大きな経済利益を生み出す仕組みを、問題視していくことだろう。それは、歴史を経てつくられてきた社会における性差別的な経済格差をなくすことであるし、そのような格差を押し広げてきた人びとの精神に根づくミソジニーを追いやることだろう。暴力的な男性性の解体をどうすべきか。いまいる場所で想像力を働かせながら、それぞれがそれぞれの場所で闘っていくことが求められている。

検討したパク・ジョンミの議論に依っている。パク・ジョンミ「韓国性売買政策に関する研究：『黙認―管理体制』の変動と性販売女性の歴史的構成1945～2005年」ソウル大学校大学院博士学位論文（박정미〈한국 성매매정책에 관한 연구: '묵인-관리체제'의 변동과 성판매여성의 역사적 구성, 1945～2005년〉 서울대학교 대학원 박사학위논문）、二〇一一年。

本書が二〇二二年の春に刊行された当時、ソウルに長期滞在していた私は韓国現代史の研究者たちとフェミニズムの本を読む会に参加していた。そのなかの一人が著者と知りあいであったことが、本書を知るきっかけとなった。

本書を読んでみて訳そうと心にきめたのは、本書のアプローチが冷静で現実的なものだと感じたからだ。ここで現実的というのは、性売買をめぐる現在進行形の暴力的で熾烈な状況に対し、ただちに解決策を提示しない／できないために必要とされる忍耐と、韓国社会の文脈にあわせたアプローチ方法を模索する知的態度と実践を指している。韓国社会の性産業をめぐる現状は、法制度や性産業に対する政府の介入度も男性性の内実も日本社会とは異なるため、現代日本社会のそれとぴったり重なりあうわけではないが、本書のアプローチの方法が一つの参考例になればと思う。

訳語について、いくつかことわっておきたい。同様のことを指す場合に、たとえば「性を売る人」を指すとき、原文ではセックスワーカー、性販売者、性売買経験者、遊興店従事者というふうに呼称を統一していない。これは性売買に関する用語が時代によって変遷してきたからでもあるし、何より当事者の立場や自己認識を一つの単語ではあらわせない状況を汲みとってのことである。翻訳の際にもそのような著者の意向にしたがって、訳語を一つには絞らなかった。

また「一次」「二次」といった漢字語の用語についても、いくつか例外はあるが、日本語の類似する語彙には置き換えずにそのまま訳出した。漢字語であるため原文のままに訳しても日本語読者はおおむね意味をつかむことができることと、韓国の性産業固有の文脈を日本の性産業にそのままスライドさせて思考しないようにという考えからである。

翻訳をかたちにできたのは、フェミニズム読書会を一緒におこなってきた編集者の野﨑真鳥さんのおかげである。本書を訳したいと相談をもちかけたときに、私に経験がないにもかかわらず出版の後押しをしてくださった。また原稿に対し丁寧に指摘してくださり、そのおかげで本書への理解がより進んだこともあった。心から感謝を申し上げる。

ファン・ユナと私は、この本を通して知りあい、何度も会うなかで韓国社会と日本社会の現状について会話を重ねながら翻訳作業を進めることができた。これからの韓国社会のフェミニズムを練磨していく一人のフェミニストと出会えた。これほど幸運なことはないだろう。彼女は今年の春から博士課程に進学し、今度は人類学的アプローチに依拠して研究を進めるという。これからの活動にも注視していきたい。

最後に。著者と同じく訳者も、性暴力つまり人間性を破壊し、人としての尊厳を踏みにじる行為をこれ以上誰も経験しないように、いち人間に対しそのようにしてもかまわないとする感性を、それを容認する社会を拒否する思いで本書の翻訳を進めたことを記しておきたい。

二〇二三年三月

森田智恵

ファン・ユナ 황유나
1988年生まれ。2013年から2022年までの10年間、反性売買人権行動／性売買被害支援相談所イルム（이룸）で活動。聖公会大学校NGO大学院実践女性学修士課程修了。現在、ソウル大学校大学院人類学科博士課程在学。共著に、『不処罰——性売買女性たちを処罰する社会に投じるフェミニズム宣言』（ヒューマニスト、2022年）がある。

森田智恵 もりた・ともえ
1993年生まれ。同志社大学大学院博士後期課程。専攻は、朝鮮近現代史。

남자들의 방
—— 남자-되기, 유흥업소, 아가씨노동
By 황유나 (Hwang Yuna)

This book is published with the support of the Literature Translation Institute of Korea (LTI Korea).
本書は韓国文学翻訳院の出版助成をうけて出版されました。

男たちの部屋
韓国の「遊興店」とホモソーシャルな欲望

2023年6月21日　初版第1刷発行

著者　ファン・ユナ
訳者　森田智恵

発行者　下中美都
発行所　株式会社平凡社
〒101-0051 東京都千代田区神田神保町3-29
電話 03-3230-6593［編集］
03-3230-6573［営業］

デザイン　松田行正＋杉本聖士
装画　髙橋あゆみ

印刷・製本　図書印刷株式会社

ISBN978-4-582-82498-8

平凡社ホームページ https://www.heibonsha.co.jp/
落丁・乱丁本のお取り替えは小社読者サービス係まで直接お送りください（送料は小社で負担いたします）。